REPUBLICANISMO

Coleção **Estado e Constituição**

Organizadores
José Luis Bolzan de Morais
Lenio Luiz Streck

Conselho Editorial
José Luis Bolzan de Morais
Lenio Luiz Streck
Rogério Gesta Leal
Leonel Severo Rocha
Ingo Wolfgang Sarlet
André Copetti

Conselho Consultivo
Andre-Jean Arnaud
Wanda Maria de Lemos Capeller
Jorge Miranda
Michele Carducci

A277r   Agra, Walber de Moura
           Republicanismo / Walber de Moura Agra. – Porto Alegre: Livraria do Advogado Ed., 2005.
           117p.; 13 x 21 cm. – (Estado e Constituição; 4)

           ISBN 85-7348-352-0

           1. República. 2. Formas de governo. I. Título.

                               CDU – 342.38

     Índices para o catálogo sistemático:

     República
     Formas de governo

     (Bibliotecária responsável: Marta Roberto, CRB-10/652)

Estado e Constituição – 4

WALBER DE MOURA AGRA

REPUBLICANISMO

Porto Alegre, 2005

© Walber de Moura Agra, 2005

Capa, projeto gráfico e diagramação
Livraria do Advogado Editora

Revisão
Rosane Marques Borba

Direitos desta edição reservados por
Livraria do Advogado Editora Ltda.
Rua Riachuelo, 1338
90010-273 Porto Alegre RS
Fone/fax: 0800-51-7522
editora@livrariadoadvogado.com.br
www.doadvogado.com.br

Impresso no Brasil / Printed in Brazil

**A Floro Moura Targino, meu tio,
meu pai, meu irmão, meu amigo.**

Aos projetos de pesquisa desenvolvidos pela Universidade Católica de Pernambuco (UNICAP) e pela Associação Caruaruense de Ensino Superior (ASCES), sem os quais o autor não teria tempo para a formulação do presente trabalho.

Aos professores Michele Carducci, da Universidade de Lecce, e Paolo Cappelleti, da Universidade de Florença, que incentivaram e permitiram o desenvolvimento da pesquisa.

A Ramón Narvaez, que ajudou na coleta do material.

Ao amigo Bolzan pela oportunidade oferecida.

Nota da organização

Chegamos, com o presente trabalho, de outro jovem autor – Walber de Moura Agra –, originário de Campina Grande - PB e descendente da histórica tradição da Escola de Direito do Recife - PE, onde doutorou-se e onde atua como Procurador do Estado e professor de Direito, ao quarto número da Coleção "Estado e Constituição".

Este trabalho expressa, ainda, o resultado da experiência internacional do autor, iniciada com seu estágio de doutoramento junto à Universidade de Firenze – Itália e desenvolvido em outros momentos de estudos e discussões realizados em outras instituições italianas.

O tema proposto nestas reflexões, no formato adotado por esta coleção, sob os auspícios da Livraria do Advogado Editora, se insere dentre aqueles que requerem um tratamento permanente, bem como se prestam para uma renovada abordagem da questão do constitucionalismo e do Estado Constitucional.

Por óbvio que o texto, como característico dos trabalhos aqui editados, não pretende esgotar a matéria, pelo contrário, a perspectiva que se abre é a de ofertar ao leitor algumas portas que se abrem e a instigação para que percorra novos caminhos de investigação.

Cremos, com isso, que a Coleção "Estado e Constituição" dá mais uma contribuição para o diálogo constitucional brasileiro, marcado pelas transformações que passam Estado e Constituição nos dias atuais.

Da mesma forma, permanecemos dispostos a prosseguir na busca de caminhos para a compreensão do fenômeno do Estado Constitucional, cientes das agruras presentes nesta trajetória e das dificuldades que a cultura jurídica contemporânea sente para entender e construir os novos rumos de uma sociedade inapreensível em seus desígnios, mas cujo desiderato deve estar sempre marcado pela proteção e promoção da dignidade humana como projeto civilizatório.

Prof. Dr. José Luis Bolzan de Morais

Sumário

1. A crise da organização política da sociedade 11
2. Conceito de Republicanismo 16
3. Histórico 25
4. Contribuição de Maquiavel à teoria republicana 32
5. O Republicanismo norte-americano 38
6. A concepção republicana radical e a clássica 44
7. O Republicanismo inglês 50
8. O Republicanismo como forma de governo 56
9. As virtudes cívicas 60
10. A influência do princípio democrático 69
11. Finalidade da República: o autogoverno dos cidadãos ... 75
12. O Republicanismo e o princípio da liberdade 81
13. O conceito de igualdade para os republicanos 89
14. Relação do Republicanismo com algumas doutrinas políticas 94
    14.1. O Republicanismo e o Liberalismo 94
    14.2. O Republicanismo e o Comunitarismo 100
15. Críticas ao Republicanismo 105
16. A atualidade dos ideais republicanos 109
17. Bibliografia 114

1. A crise da organização política da sociedade

Em todos os países do mundo, em maior ou menor grau, assiste-se ao desmoronamento dos princípios que nortearam a organização política da sociedade por vários séculos, tanto no campo de sua incidência normativa quanto no campo de seu valor simbólico. A população tem a maior parte de suas expectativas frustradas pela inoperância dos órgãos públicos, que não conseguem realizar suas funções e pelo agravamento das condições econômicas, criando juntos um clima de insegurança que impede a antevisão de um futuro promissor.

Entretanto, esses dados não configuram somente a crise de um tipo determinado de organização política, evidenciam problemas muito mais profundos, que atingem por completo as mais variadas sociedades, alheias à sua filiação ideológica ou ao seu modo de produção econômica. Existe uma crise do regime democrático, uma crise do conceito de soberania, uma crise do Estado Social Democrático de Direito, uma crise do esquema funcional de separação dos três Poderes, em suma, evidencia-se uma intensificação dos acirramentos sociais nas sociedades de forma geral que se agrava com a chegada da Pós-Modernidade, colocando em dúvida os antigos valores que a estruturavam.[1]

---
[1] MORAIS, José Luis de Bolzan. *As crises do Estado e da Constituição e a transformação espacial dos direitos humanos*. Porto Alegre: Livraria do Advogado, 2002, p. 23.

Como conseqüência, a estrutura política que regulamentava a *polis* torna-se obsoleta porque não serve mais para fazer frente às dificuldades que se avolumam a cada dia. A ordem antes estabelecida esfacelou-se, e em seu lugar prepondera a desordem, definida como a ausência de dispositivos normativos aptos a regulamentar de forma eficiente as relações sociais. Conforme as palavras de Agostino Carrino, a desordem se caracteriza pela indefinição de conteúdo dos conceitos de soberania e de Constituição, apresentando ainda, dentre outros apanágios, o descrédito no regime democrático, que se evidencia pela apatia generalizada do povo pelas eleições, pelas contestações ao modelo representativo e pela falta de confiança na classe política de modo abrangente.[2]

Os princípios e valores pertinentes ao Republicanismo, atualizados por uma releitura que os torne adequados aos problemas enfrentados no cotidiano, configuram-se como um instrumento de grande valia para se tentar minimizar os efeitos perniciosos das crises apontadas. Os ideais republicanos podem trazer novo alento à estrutura política da sociedade, contribuindo para aprimorar o regime democrático e incentivar a cidadania ativa por parte dos cidadãos. Ao se dinamizar os procedimentos democráticos, buscam-se soluções para as crises enfrentadas, de modo que a alternativa encontrada possa auferir respaldo na população.

O Republicanismo pode ser concebido como teoria de liberdade ou como teoria de forma de governo. Adotando-se esta vertente, ele representa uma forma de governo oposta ao regime monárquico, defendendo que os cidadãos têm obrigação de atuar ativamente na vida política da *polis* com o objetivo de proteger a *res publica*, considerada como valor fundamental para o desenvolvimento harmonioso da vida social. Adotando-se aquela vertente, ele representa uma teoria de liberdade que se contrapõe aos vínculos de subjugação existentes, englobando da dominação baseada no poder econômico até as

---

[2] CARRINO, Agostino. *Sovranità e costituzione nella crisi dello Stato moderno.* Torino: Giappichelli, 1998, p. 25.

que necessitam do apoio do Estado para sua implantação.

O objetivo do presente trabalho primordialmente não é apresentar o Republicanismo, também chamado de Neo-Republicanismo ou Neo-Romanismo, em alusão à atualização de seus princípios ou à época clássica da República Romana, como forma de governo oposto à Monarquia, mas contextualizá-lo como doutrina do pensamento político, cuja finalidade maior reside em garantir o direito de liberdade aos cidadãos. O ponto de partida para o estudo são as experiências republicanas que ocorreram em Roma (que antecedeu ao Império, iniciado por César), nas cidades italianas da época do Renascimento, na Inglaterra de Cromwell, na França, com a implantação da República depois da Revolução de 1789, e na formação dos Estados Unidos da América.

O despertar da atenção para o estudo do Republicanismo deveu-se à tentativa de recuperar o sentido ético na participação política, um intento de pautar as escolhas realizadas pelos órgãos políticos por parâmetros substanciais, estabelecendo um apelo à virtude cívica. Diante dos casos de corrupção que pululam em nossa sociedade, da inexistência de *standard* de comportamento baseado no bem comum e da miséria que assola considerável parcela de nossos cidadãos, a análise dos ideais do Republicanismo mostra-se de extremo interesse para o debate atual.

Segundo seus corifeus, o Republicanismo, considerado como forma de governo pautada por um núcleo axiológico, configura-se como teoria política que pode realmente assegurar a liberdade dos cidadãos, impedindo que interesses privados ou a vontade de um déspota possam privá-los de seus direitos. Por estar umbilicalmente atrelado ao princípio democrático, ao autogoverno da população, ao princípio da isonomia, é a forma de organização política que melhor pode enfrentar as dificuldades que assolam as sociedades pós-modernas. Os republicanos buscam solucionar os problemas que afligem a estrutura da sociedade através do estímulo das virtudes cívicas, da participação ativa da população nas decisões políticas, do respeito à *res publica* e da percepção do cidadão enquanto membro da coletividade, intrinsecamente atrelado a ela, reelaborando o conceito de individualismo.

Em virtude das modestas dimensões deste trabalho, o discorrer da matéria será perfunctório. Este opúsculo não pode ser entendido como um texto prescritivo, antes de tentar sê-lo, melhor considerá-lo como descritivo. Os problemas sociais são de dimensões extensas, e foge do escopo almejado tentar vislumbrar soluções. Os dados históricos utilizados são elementos secundários e por isso não foram desenvolvidos com o intento de retratar um fiel esboço das épocas mencionadas. Também devido ao exíguo espaço, foi preterida uma análise acerca do movimento republicano no Brasil, que, espera-se, posteriormente possa ser dissecado.

Por último, em virtude de que descabem discussões sobre o Republicanismo como forma de governo, já que a maioria dos países assim se intitula, cabe ressaltar que o debate sobre os ideais republicanos não está ultrapassado porque a maioria dos Estados tem uma grande população e que o Republicanismo floresceu em pequenas cidades-estados ou países ainda com um raro povoamento, como os Estados Unidos à época de sua independência. O desenvolvimento desses ideais nada têm a ver com as dimensões territoriais de um Estado. Hodiernamente, com a evolução tecnológica e o aprimoramento da Democracia, pode-se até pensar na construção de um regime político que se aproxime de uma democracia direta, em que os cidadãos possam participar verdadeiramente das decisões políticas.

O Republicanismo enquanto forma de governo é uma realidade insofismável, por isso necessita-se fazer que ele não seja um rótulo vazio, preenchendo-o com uma carga axiológica que reflita sua essência, consolidando as virtudes cívicas como valores fundamentais da sociedade. A doutrina do pensamento político exposta neste trabalho significa um *modus operandi* no trato da coisa pública, que tenta analisa problemas que eram prementes no passado e, infelizmente, continuam presentes no cotidiano dos países desenvolvidos e, especialmente, no dos países periféricos.

2. Conceito de Republicanismo

Um problema a ser enfrentado é com relação à definição do conceito de Republicanismo, de igual maneira chamado de Neo-Republicanismo ou Neo-Romanismo, já que seu conteúdo semântico, nas palavras de García-Pelayo, configura-se como signo de poder, sendo por isso objeto de luta para a determinação de sua essência.[3] Na verdade, seu significado é vago e indeterminado porque serve para designar movimentos políticos que ocorreram em diversos países, com algumas características semelhantes mas também apresentando elementos diversos.[4]

Por essa razão, o conceito de Republicanismo deve ser estruturado com base em um radical comum que o caracteriza. De forma bastante concisa, podemos elencar as suas principais características: a) negação de qualquer tipo de dominação, seja através de relações de escravidão, de relações feudais ou assalariada; b) defesa e difusão das virtudes cívicas; c) estabelecimento de um Estado de direito; d) construção de uma democracia participativa; e) incentivo ao autogoverno dos cidadãos; f) implementação de políticas que atenuem a desigualdade social, através da efetivação da isonomia substancial.

---

[3] PELAYO, Manuel García. *Derecho constitucional comparado*. 3ª ed. Madrid: Alianza Universidad, 1991, p. 33.

[4] Por exemplo, o Republicanismo inglês, predominante à época da Revolução Puritana, era impregnado de humanismo e de idéias religiosas, influência esta não apresentada em outros contextos. MALTZAHN, Nicholas Von. "The Whig Milton, 1667-1700". In: *Milton and Republicanism*. Cambridge: University of Cambridge, 1995, p. 229.

A República era definida na Idade Medieval como *civitas, communitas, populos*, privilegiando seu sentido de participação popular nas decisões políticas. Os ingleses a denominam *commonwealth*. Cícero define República como coisa do povo, considerando como tal não qualquer tipo de agregação, mas aquela que tem como fundamento o consentimento jurídico e a supremacia do bem-comum. Ressaltam-se em sua definição dois elementos: que a regulamentação da sociedade é estabelecida por lei e que elas têm o objetivo de velar pelo bem comum da população.[5]

Para Kant, os requisitos que definem o caráter republicano de uma Constituição são os seguintes: fundamentação sobre princípios de liberdade de seus membros; normas em conformidade com os princípios da independência de todos em relação a uma única legislação comum; que o princípio da isonomia prepondere entre todos os cidadãos.[6]

O Republicanismo não significa somente o triunfo sobre uma forma tradicional de organização política, a Monarquia, mas representa um profundo significado social. Sua dimensão moral, as virtudes civis, remodela as relações sociais, firmando-as sob o parâmetro da liberdade, da igualdade, do autogoverno e do respeito à *res publica*. De maneira concisa, pode-se dizer que é um modelo de estruturação política da sociedade que permite aos seus cidadãos, com plena liberdade, desenvolver as suas vidas com a finalidade de obter o maior nível possível de satisfação de suas necessidades.[7] Para alcan-

---

[5] "É, pois – prosseguiu o Africano – a República coisa do povo, considerando tal, não todos os homens de qualquer modo congregados, mas a reunião que tem seu fundamento no consentimento jurídico e na utilidade comum. Pois bem: a primeira causa dessa agregação de uns homens a outros é menos a sua debilidade do que um certo instinto de sociabilidade em todos inato; a espécie humana não nasceu para o isolamento e para a vida errante, mas com uma disposição que, mesmo na abundância de todos os bens, a leva a procurar o apoio comum". CÍCERO, Marco Túlio. *Da republica*. Trad. Amador Cisneiros. Livro I, XXV. São Paulo: Edipro, 1996, p. 27.
[6] KANT, Immanuel. *A paz perpétua e outros opúsculos*. Trad. Arthur Morão. Lisboa: Edições Setenta: 1988, p. 128.
[7] DZELZAINIS, Martin. "Milton's classical Republicanism". In: *Milton and Republicanism*. Cambridge: University of Cambridge, 1995, p. 16.

çar os objetivos mencionados, ele precisa ser estruturado sobre leis que possam ordenar sabiamente seu funcionamento, formuladas por legisladores prudentes, e necessitam assegurar tranqüilidade aos cidadãos.[8]

Uma condição imperiosa para a construção de uma sociedade estruturada sobre valores republicanos é a necessidade de que a atuação política dos cidadãos seja virtuosa, pautada no escopo da obtenção do bem comum ao invés de almejar a realização de interesses privados. Outra condição é que a população deve ter responsabilidade pelas escolhas tomadas pelo Estado, partindo da concepção de participação política como um poder-dever de todos. Os cidadãos têm o direito de formar seu autogoverno, decidindo que tipo de sociedade querem construir.

Um dos fortes traços do Neo-Romanismo, de matriz aristotélica, consubstancia-se na premissa de que os homens são seres essencialmente políticos, *bios politikos*, necessitando da vida em sociedade para desenvolverem todas as suas potencialidades.[9] Com isso retorna-se à tradição de origem grega que considera a política como a forma superior de relacionamento social.

Considerando que os cidadãos são seres por natureza agregativos, o exercício dos afazeres políticos configura-se em sua tarefa mais honrosa, podendo dignificar sua existência para a posteridade. A associação entre os cidadãos estabelecida pela vida social é condição para que o homem possa produzir os bens necessários à sua subsistência e ao desenvolvimento de suas prerrogativas. Os malefícios acarretados pela existência agregativa dos homens são avaliados como de pouca monta diante das vantagens alcançadas ao longo dos séculos.

---

[8] MAQUIAVEL, Nicolau. *Comentários Sobre a primeira década de Tito Lívio*. 4 ed. Trad. Sérgio Bath. Brasília: UnB, 2000, p. 23.

[9] Todavia, Quentin Skinner defende que o Republicanismo não é uma forma doutrinária impregnada pelo aristotelismo. O homem não é um ser essencialmente político, que sabe relegar seu interesse pessoal em prol dos interesses coletivos, ao contrário, pauta sua conduta com base em seus interesses pessoais, sendo propenso à corrupção e a outros desvios da conduta cívica.

Os interesses privados são considerados como apêndice da esfera pública, existindo em razão de seu funcionamento. Os valores individuais perseguidos, cambiantes, em simetria com o estrato social ao qual o cidadão pertence, exigem para sua concretização comunhão com os interesses coletivos, sem os quais as expectativas de futuro tornam-se temerárias. A satisfação dos interesses coletivos é requisito imperioso para que os interesses individuais sejam atendidos.

Por essa razão, a sociedade não é um dado natural, uma decorrência da vontade de um ser superior, ela se forma de acordo com a vontade humana e se desenvolve consonante esses impulsos. Discorda-se da existência de uma ordem natural, eterna e imutável; ao contrário, a sociedade atribui à força laborativa dos cidadãos o motivo de sua criação, sendo ela transitória e mutável. Assim, separa-se, de forma irremediável, a ordem política da ordem natural.

Os ideais republicanos são frontalmente contrários a qualquer tipo de tirania em que haja a sujeição de um cidadão à vontade arbitrária de outro. Não uma tirania circunscrita aos cânones liberais, restrita ao arbítrio dos entes estatais, mas englobando também imposições por parte de entes privados, em que a *lex mercatoria* prepondera em relação ao regime democrático e substitui o bem-comum como finalidade dos órgãos estatais. A forma atual de opressão não é mais a de um rei absoluto que subjuga o povo, mas de conglomerados privados que se apropriaram do Estado para que este possa satisfazer seus interesses sem levar em conta as necessidades da população.

A doutrina política ora analisada, independente da vertente sob enfoque, é avessa a qualquer tipo de dominação, *uomo senza padroni*, compreendida na determinação de obrigação ou conduta, contra a vontade do cidadão, sem amparo em dispositivo legal. Dessa característica deflui outra, não menos importante, a vedação de qualquer tipo de interferência indevida nas relações sociais, que sujeita uma pessoa a outra por meio de uma coação arbitrária.

Apresenta grande relevo para os republicanos o conceito de homens livres (*free men*), aquele que não está submetido à escravidão, liberto das amarras do domínio, guiado apenas por sua autodeterminação. É um homem que pode escolher seus caminhos e os caminhos da sociedade, que tem responsabilidade não apenas por seu futuro, mas se preocupa com o coletivo porque está inserido na *polis* e com ela mantém fortes relações simbióticas.

O pior tipo de dominação já existente foi, indubitavelmente, a escravidão, que consiste na subjugação de um indivíduo a outrem, independente de sua vontade. Afirma o Digesto que a escravidão é uma instituição do *ius gentium* em que alguém, contrariamente à sua natureza, encontra-se na *potestas* dos senhores e o que quer que se adquira por meio do servo se adquire ao seu dono.[10] Não se pode dizer que a escravidão seja forma de produção do sistema capitalista, sua existência é residual, e os casos encontrados são reprimidos. Contudo, há novas formas de escravidão que acompanham o homem pós-moderno, como a subserviência à sociedade de consumo, à exploração assalariada, o desemprego e o sub-emprego, à alienação política etc.

Na dominação, há a subjugação de uma pessoa a outra, tolhendo a vontade do sujeito submisso da relação. Na interferência arbitrária, não há vínculo de subjugação, existindo relação de opressão que pode se realizar caso haja vontade por parte do sujeito autônomo. A diferença entre uma e outra é bastante tênue, o que vai individualizá-las é o vínculo de cerceamento a que está submetido o cidadão. Um cidadão exerce domínio se houver vínculo de poder que o ampare, ausente tal vínculo de poder, está-se diante de uma interferência arbitrária. A dominação é ampla e constante, enquanto a

---

[10] JUSTINIANO I, Imperador do Oriente. *Digesto*. Trad. Hélcio Maciel França Madeira. 2 ed., Livro I. São Paulo: Revista dos Tribunais, 2000, p. 65.

interferência é parcial e se concretiza de forma ocasional.

A dominação pode ser definida como a sujeição de um indivíduo à vontade de outrem, sem amparo em dispositivo legal. Indica a condição de um indivíduo que depende da vontade arbitrária de outro ou de alguma instituição que possa oprimi-lo impunemente. Ela é o poder que explora a população para a satisfação de poucos privilegiados, impedindo que a liberdade seja uma prerrogativa ao alcance de todos. A proibição à existência de dominação se estende aos dois pólos da relação, isto é, veda a existência tanto de senhores quanto de servos. Os servos da atualidade são aqueles que são hipossuficientes econômicos e, conseqüentemente, não dispõem de liberdade para direcionar o destino de sua vida.

A interferência arbitrária ocorre quando um cidadão é colocado sob a dependência de outrem. É impedimento a uma ação, obstáculo à concretização da autodeterminação. A restrição a sua margem de ação não é uma constante, mas aparece de acordo com o aspecto volitivo do sujeito ativo, o opressor, deixando o sujeito passivo, o oprimido, preso aos enlaces do medo, o que representa um estorvo para a liberdade. Contudo, não se configura interferência arbitrária quando há mitigação na conduta ou ação com arrimo em parâmetros legais porque as normas são instrumento da democracia para estruturar a sociedade consonante os interesses coletivos.[11]

---

[11] "Esclarecida a diferença entre interferência e dominação resta acrescentar que existe interferência sem dominação quando estamos diante de um vínculo restritivo imposto por lei. A lei que a mim e a todos os outros cidadãos impõe a obrigação de pagar taxas segundo a renda, ou aquela que condena a mim e a todos os outros a prisão se cometemos um homicídio, dando dois exemplos claros, representam certamente vínculos restritivos de interferência, mas não significam de nenhum modo dependência da vontade arbitrária de outros homens por causa da óbvia razão de que esses comandos se dirigem a mim e a todos os cidadãos sem exprimir a vontade de um ou de muitas pessoas no sentido de impor seus próprios interesses." VIROLI, Maurizio. *Repubblicanesimo*. Bari: Laterza. 1999, p. 21-22.

Philip Pettit ensina que a dominação é um conceito amplo, que apresenta três diferentes aspectos, consistindo na capacidade de interferência, realizada de modo arbitrário, com a possibilidade de escolher as condições de efetuá-la. Ele considera a interferência como parte do domínio, que pode ser efetiva, restringindo a autodeterminação, ou potencial. Arbitrária porque ocorre sem o amparo de um preceito legal à vontade individual, infringindo os parâmetros legais acaso existentes. Por ser a dominação a espécie mais intensa de subjugação, as condições em que ela se realiza não são predeterminadas, o que impede a previsibilidade de sua atuação.[12]

A assertiva da proibição de dominação é ampla, devido à vedação à qualquer injunção arbitrária, mesmo que não seja concretizado nenhum ato que estorve as prerrogativas do cidadão, a mera possibilidade de que isso aconteça, ocasionando a generalização do medo, é suficiente para macular a liberdade republicana. Ou seja, não é preciso que ocorra efetivamente coação para a tipificação da dominação, a mera possibilidade de sua concretização é suficiente para ensejá-la.

O conceito de dominação está em constante evolução devido à sua abertura semântica, o que impede sua definição em termos rígidos. A mutabilidade das estruturas sociais enseja ambiente propício para a criação de novos tipos de arbítrio, e, para se contrapor a esse fato, há necessidade de preenchimento adequado do conceito de dominação às peculiaridades de cada sociedade. O princípio da liberdade restará resguardado quando todas as subjugações estiverem efetivamente restritas pela vedação à existência de domínio nas relações sociais.

O impedimento à existência de dominação na sociedade também abrange relações sociais estruturadas com base na dependência de uma das partes, como por exemplo, naquelas em que os consumidores ficam indefesos diante das condições abusivas impostas por grandes conglomerados econômicos. As relações sociais

---

[12] PETTIT, Philip. *Il Repubblicanesimo. Una teoria della libertà e del governo*. Trad. Paolo Costa. Milano: Feltrinelli, 2000, p. 68-69.

estabelecidas sob laços de dependência, além de irem ao encontro das virtudes civis que devem ser estimuladas pelo Estado, incidem contra a participação ativa dos cidadãos nos negócios políticos da *polis*. Se um membro da sociedade é dependente de outro, não é livre para escolher seu destino, e o temor configura-se como elemento de angústia em sua vida, contribuindo para seu distanciamento dos interesses coletivos.

A revalorização das virtudes da *polis* acarreta nova modulação no conceito de política. Os republicanos não a consideram como um espaço em que grupos de interesses diversos se digladiam para a obtenção de seus objetivos, valoram o espaço político como seara de responsabilidade de todos os cidadãos, como a zona em que as decisões devem ser construídas, contando com a participação de todos, uma área em que a participação de cada um é igual, sem brechas para discriminações ou outras formas de preconceitos. A política é o *locus* onde preponderam os interesses coletivos, com a finalidade de realizar o bem-comum, sem apego a interesses pessoais, com o seu conteúdo preenchido por princípios éticos.[13]

A finalidade maquiavélica da política de conseguir o poder e mantê-lo por todos os meios disponíveis não é aceitável para os republicanos. A política se configura como o instrumento para a defesa da *res publica*, pautada por princípios traduzidos nas virtudes cívicas, que exigem dos representantes populares dignidade para com o trato da coisa pública e desprendimento em prol dos interesses coletivos.

A participação nas decisões políticas, por si só, é considerada como um prazer e um privilégio, sem precisar de conotações pecuniárias ou proximidade com o poder. A finalidade de cada componente da sociedade é servir aos interesses coletivos, mesmo que para isso seja imperioso o sacrifício de seus próprios interesses pessoais.

---

[13] BACCELLI, Luca. *Critica del Repubblicanesimo*. Bari: Laterza, 2003, p. 93.

Igualmente, o republicanismo nutre um antagonismo com qualquer forma de diferenciação dos cidadãos que possa se configurar como privilégio, como títulos nobiliárquicos, indicação divina etc. O homem nasce igual a seus semelhantes e continua igual, a despeito de sua classe social. O princípio da isonomia é um de seus primados fundamentais, as diferenças existentes na sociedade devem ser decorrência apenas do mérito de cada um, sem que os entes estatais possam estabelecer preferências.

3. Histórico

Não se pode imputar ao movimento republicano uma única matriz histórica, ela foi plural e variou tanto em dimensão espacial quanto em dimensão temporal. Maior influência exerceram as experiências realizadas por Roma, pelas cidades italianas do Renascimento, pela Inglaterra no final do século XVII, pela Revolução Francesa e pela Independência dos Estados Unidos da América do Norte.

Em Roma, a República floresceu até César tentar transformá-la em Império. Efetivamente, o período republicano vai de 509 a.C. até a ascensão de Otávio. Sob essa forma de governo houve um incremento na participação dos cidadãos nas decisões políticas, o que levou Cícero e outros pensadores da época a afirmarem que os romanos se vangloriavam de que não estavam sob o jugo de uma tirania. A força desse ideal era tamanha que, consonante François Châtelet, mesmo na época do pior despotismo, Roma sempre se proclamou republicana.[14]

Depois da expulsão dos etruscos, houve a derrocada da Monarquia e a conseqüente construção da República Romana. O poder foi dividido entre dois cônsules, e depois foi criada a figura do *praetor*, com o objetivo de administrar a justiça. Dos órgãos que compunham a estrutura de poder, o que mais chamava a atenção era o Senado Romano, que oscilou a intensidade de suas

---

[14] CHÂTELET, François; DUHAMEL, Olivier & Pisier-Kouchner, Evelyne. *História das idéias políticas*. Trad. Carlos Nelson Coutinho. Rio de Janeiro: Jorge Zahar Editor, 2000, p. 23.

competências ao longo da história republicana. Não obstante essas oscilações, sempre pertenceu ao Senado a prerrogativa de decidir acerca da política externa.[15]

De todos os republicanos romanos, o que mais se notabilizou para a posteridade foi Cícero, que ficou famoso por seus escritos e discursos em prol da forma de governo republicana. Ele costumava dividir a *libertas* da *servitus* para alertar a população para o perigo que corria a República romana de ser escravizada por um ditador. A liberdade era apanágio dos homens livres que atuavam nos negócios políticos da *polis*, enquanto a servidão caracterizava aqueles indivíduos que estavam subjugados pela vontade de um senhor.[16]

Segundo Cícero, a missão de um governo é criar uma *civita libera*, onde todos os homens possam ser livres para se ocupar de seus afazeres. Antecipando-se a seu tempo, defende que somente a lei, feita pelo povo, pode obrigar o homem a fazer ou deixar de fazer algo. Até mesmo os juízes lhe devem obediência, e seus julgamentos têm que seguir o que fora pelas normas estipulado. As leis elaboradas pelos reis terminavam por degenerar em subjugação e arbítrio; a imprevisibilidade inerente à vontade autoritária de um homem não permite que os cidadãos possam ter a tranqüilidade suficiente para conduzirem sua vida em paz e harmonia. Exortava de forma veemente o povo romano contra as aspirações autoritárias de Júlio César e os cerceamentos democráticos determinados por Marco Antônio. A perda da liberdade não consistia apenas na subjugação de um cidadão ao arbítrio de outro, mas em qualquer forma de coação que o pudesse atingir.

Nas cidades italianas de Florença, Veneza, Genova, Lucca, e Siena, entre o século XIV e início do século XVI, houve renascimento do Republicanismo, inspira-

---

[15] BOBBIO, Noberto, MATTEUCCI, Nicola & PASQUINO, Gianfranco. *Dicionário de política*. Trad. Carmen C. Varriale *et alli*. Volume II. Brasília: UnB, 1998, p. 1110.
[16] SKINNER, Quentin. "Classical liberty and the english civil war". In: *Republicanism. A Shared European Heritage*. Vol. II. Cambridge: Cambridge University Press, 2002, p. 10.

do nos ideais clássicos da República Romana. Nessas cidades, foram implantadas Repúblicas, em que o povo detinha o poder, sem submissão ao Papa ou a alguma potência estrangeira. E, diferentemente de Roma, e essa é uma diferença fundamental, não havia trabalho escravo.

Com isso não se quer dizer que a República implantada nessas cidades permitia que os cidadãos fossem verdadeiramente livres, eles estavam sob o domínio das famílias mais ricas e importantes que dominavam a política e indicavam o representante de assuntos externos. A participação da maioria da população era passiva, enquanto as decisões eram tomadas por uma minoria.[17]

Todavia, o cidadão não mais estava sob o jugo de uma tirania, ele só devia obediência à lei, que tinha a possibilidade de ajudar a realizar. Havia um sentimento muito forte de liberdade. A população, mesmo a mais pobre, contribuía com seu voto para a escolha de seus representantes e podia participar das decisões no grande conselho. Qualquer um poderia ocupar cargo público, sem distinções nobiliárquicas. Muitas delas utilizavam mecanismos de loteria para a seleção de funcionários públicos, com o objetivo de neutralizar interesses políticos no critério de seleção dos funcionários.

Apesar de a Inglaterra ser uma das monarquias mais tradicionais do mundo, as idéias republicanas foram incorporadas no século XVII, através da tradição do *commonwealth*, denominação da República inglesa, que estabeleceu o direito de o povo inglês ser governado por leis feitas por ele mesmo, afastando o absolutismo real.[18] O único período em que a Inglaterra adotou a forma de governo republicana foi assaz conturbado, motivando a restauração da Monarquia quase de forma

---

[17] VIROLI, Maurizio. *Repubblicanesimo*. Bari: Laterza. 1999, p. 4-5.
[18] *REPUBLICANISM*. Stanford Encyclopedia of Philosophy. Disponível em: http://plato.stanford.edu/entries/republicanism. Acesso em 9 jun.2004.

unânime e tornando-a uma forma de governo muito popular.[19] Defendendo as tradições monarquistas, Richard Rosenfeld advoga que, se a definição de República for a de um governo regido por leis, o regime político da Inglaterra pode ser assim definido porque o rei se configura como seu primeiro magistrado.[20]

A França também ofereceu seu contributo à teoria do Republicanismo, que teve seu apogeu com a Revolução Francesa, de 1789, e com a conseqüente queda da Monarquia. Ela é formada por várias vertentes, que apresentam traços que possibilitam formar um núcleo comum. A teoria produzida nesse contexto histórico estava impregnada por um discurso racionalista que acreditava no progresso constante da humanidade, baseado na libertação do cidadão das amarras impostas arbitrariamente. O regime monárquico era sinônimo de decadência, de instabilidade e de desordem, incapaz de livrar o homem da subjugação.[21]

A teoria republicana francesa tem como características mais importantes: a relevância do sufrágio univer-

---

[19] Blair Worden tem uma visão pessimista do resultado da república inglesa: "Naquele decênio não foram as idéias republicanas que conduziram os eventos políticos, mas os eventos que conduziram as idéias republicanas. A República inglesa não foi o produto do Republicanismo e sim a conformação com as idéias republicanas para a sua própria reforma. Com a falência do Republicanismo entra em falência também a república. O período do regime não monárquico que vai de 1649 até 1660 é um catálogo de falimento institucional. Uma longa série de expedientes improvisados que terminam invariavelmente em desastre, até quando a causa puritana continuou muito dividida e desmoralizada para impedir o retorno sem resistência da monarquia". WORDEN, Blair. "Le idee repubblicane e le rivoluzione inglese". In: *Libertà política e virtù civile. Significati e percorsi del Repubblicanesimo clássico*. Torino: Fondazione Giovanni Agnelli. 2004, p. 110.
[20] ROSENFELD, Richard. *Politics of the 1790s*. Disponível em: http//revolution.h-net.msu.edu/threads/republicanism.html. Acesso em 9 jun./2004.
[21] "Em quanto discurso de vontade política, ao contrário que uma mera preferência pela forma republicana de governo, o Republicanismo clássico encontrou expressão na França pré-revolucionária não em termos de nostalgia livresca ou de fantasia cultural, mas em quanto linguagem de oposição às instâncias da monarquia absoluta, a prática governativa de um Estado administrativo em vias de modernização e a sedutora corrupção de uma economia comercial em fase de expansão". BAKER, Keith Michael. "Le trasformazione del Repubblicanesimo clássico in Francia". In: *Libertà política e virtù civile. Significati e percorsi del Repubblicanesimo clássico*. Torino: Fondazione Giovanni Agnelli. 2004, p. 154-155.

sal, a preponderância do Poder Legislativo em relação aos demais e seu conteúdo universalista. À época da eclosão da Revolução Francesa, o sufrágio universal significou um importante avanço para o aprimoramento da Democracia, permitindo que toda a população pudesse participar do processo de escolha dos mandatários públicos, abolindo os privilégios de classe existentes. Por motivos históricos, o Legislativo detém grande poder, representando suas decisões emanações da soberania popular, sendo por essa razão consideradas supremas. A estruturação da República francesa não foi realizada apenas para a França, inexistiam características de particularismos, fora pensada para o gênero humano e por isso detinha um caráter mais humanista do que tópico.[22]

O Republicanismo francês foi fortemente influenciado pelas idéias humanistas do século XVIII, que atingiram seu clímax com a Revolução Francesa e suas conseqüências. O lema liberdade, igualdade e fraternidade formou seu núcleo axiológico básico, o que permitiu o florescimento das virtudes civis com o objetivo de livrar a população do domínio feudal secular. Nenhuma outra revolução, até então, contribuiu tanto para concretizar o direito à liberdade dos cidadãos quanto a ocorrida na França em 1789.[23]

Ele nutre especial atenção à defesa das virtudes cívicas e à manutenção da vitalidade de participação do

---

[22] "Assim, de forma abrangente, alguns traços constitutivos do Republicanismo francês: a obsessão pela unidade, a assimilação do pluralismo e da divisão, e, conseqüentemente, a dificuldade de articular o discurso da distinção e do equilíbrio entre os vários poderes do Estado como aqueles referentes a autonomia local. Da mesma forma, a preponderância do Poder Legislativo: a resistência de admitir a existência de fontes do direito superiores a vontade geral encarnada na lei, comportamento que testemunharia de maneira clamorosa a recusa de considerar constitucional a declaração dos direitos e a rejeição para a criação de um órgão destinado ao controle de constitucionalidade – fatos estes que foram o centro do debate jurídico-político da terceira república". LARIZZA, Mirella. "Percosi dell'Idea Repubblicana nela Francia Ottocentesca". In: *Libertà política e virtù civile. Significati e percorsi del Repubblicanesimo clássico*. Torino: Fondazione Giovanni Agnelli. 2004, p. 200.
[23] WRIGHT, Johnson Kent. "The idea of a Republican constitution in old régime France". In: *Republicanism. A Shared european heritage*. Vol. I. Cambridge: Cambridge University Press, 2002, p. 290.

corpo político. O ator principal da atuação política são os cidadãos, considerados agentes imprescindíveis para a construção de uma democracia, afastando tentativas de legitimar o poder por intermédio de tradições ou elementos metafísicos. Contrapunha-se a corrupção que assolava o regime monárquico, mormente depois da experiência do Rei Luís XVI, por isso consideravam a difusão das virtudes cívicas e a participação ativa dos cidadãos como antídoto a esses males.

A Independência dos Estados Unidos da América do Norte contribuiu de maneira substanciosa para a teoria republicana. Foi o primeiro país a regulamentar o sistema de governo presidencialista, depois de sangrenta guerra de libertação do colonialismo inglês. Significou um grito de liberdade contra as arbitrariedades praticadas por uma grande potência, afirmando a existência de direitos naturais inalienáveis. Baseando-se na autonomia das vontades individuais, os colonos norte-americanos formularam uma teoria de liberdade peculiar, que tem por finalidade proteger os homens das opressões praticadas pelos entes estatais, a partir de um conceito preponderantemente negativo de liberdade.

A análise em torno das causas que acarretaram a decadência das Repúblicas passadas se configura primordial porque permite a abertura de um processo de aprendizagem para que os erros cometidos possam ser evitados. A razão primordial para a ruína dos exemplos republicanos mencionados não se deveu a invasões, que foram sua conseqüência, mas devido, primordialmente, ao sacrifício do bem público em prol de interesses privados. Quando as virtudes cívicas e o sentimento da *res publica* desapareceram dessas cidades, houve o recrudescimento da corrupção, dos sentimentos privados, relegando os interesses públicos, da apatia com relação às decisões políticas. Instaurou-se a tirania, com a conseqüente perda da liberdade. O resultado foi o aniquilamento do regime político republicano e a morte das prerrogativas implantadas para o benefício da população.

Difícil se torna atribuir a uma causa exclusiva o motivo da decadência dos regimes republicanos arrolados acima. Mais preciso é falar das causas que levaram a esse resultado, englobando uma multiplicidade de fatores, com variações sociopolítica-econômicas e consonante os lapsos temporais enfocados, diferentes de país para país. De forma genérica, podem ser mencionados o arrefecimento das virtudes civis, com o alargamento dos interesses privados sobre o patrimônio público; no caso das cidades italianas da Renascença, a expansão do poderio das grandes potências nacionais, que se imiscuíram na geopolítica da região; no caso de Roma, o incremento das lutas para a conquista do poder, que, ao mesmo tempo em que acentuou as divisões internas, impediu o Estado de se opor às invasões "bárbaras"; ao aumento das desigualdades sociais, que cada vez mais colocou ricos e pobres em lados antagônicos; ao enfraquecimento do poder político em virtude da crise econômica, etc.

As Repúblicas que escaparam da ruína e da destruição perderam a essência do Republicanismo, defendendo os ideais que as caracterizavam apenas como nostalgia ou "fantasia cultural". Na realidade, foram implantadas Repúblicas semânticas, já que o poder concentrava-se nas mãos de poucos, relegando a população da esfera de decisões. Até nos Estados Unidos, que mantêm a mesma estrutura política, houve uma perda dos ideais acalentados no passado, como se pode notar pelo resultado das eleições presidenciais, em 2000, em que apenas um terço da população compareceu às urnas e em que o candidato republicano derrotou o candidato democrata, a despeito de ter recebido menor número de votos e das alegações de que houve fraude eleitoral.

4. Contribuição de Maquiavel à teoria republicana

Apesar da contribuição de Maquiavel aos ideais republicanos ter sido de suma importância, apenas depois de certo tempo foi que obteve o reconhecimento devido, tanto é que quando a República foi restaurada em Florença, em 1527, ele não voltou a ocupar o cargo de segundo Chanceler que exerceu até 1512.[24] O motivo não se deveu exclusivamente ao fato de que Maquiavel serviu em algumas ocasiões aos Medici, mas principalmente por ser o autor de "O Príncipe", que dedicou a Lorenzo, o Magnífico.[25]

Esclareça-se que essa obra foi a que ele menos teorizou acerca dos princípios republicanos, interessando-se mais pelos elementos que poderiam garantir maior estabilidade às organizações políticas. Para os monarquistas, era considerado um republicano, e, para os republicanos, era considerado um monarquista.[26]

---

[24] SADEK, Maria Tereza. "Nicolau Maquiavel: O cidadão sem fortuna, o intelectual sem virtù." In: *Os clássicos da política*. Volume I, 2 ed., São Paulo: Editora Ática, 1991, p. 17.

[25] Segundo Maurício Viroli, Machiavel foi um escritor político comprometido com a república, sendo considerado como o fundador do Republicanismo moderno. VIROLI, Maurício. "Il Republicanismo di Machiavelli". In: *Libertà política e virtù civile. Significati e percorsi del Repubblicanesimo clássico*. Torino: Fondazione Giovanni Agnelli. 2004, p. 1.

[26] "Republicano de coração, Maquiavel imaginara, sem dúvida, a realização de uma república italiana, herdeira da República romana segundo Tito Lívio, pela liberdade cívica à antiga, animando um exército nacional. Parece que, bem antes da volta dos Médicis a Florença, bem antes do lamentável fim da milícia por ele organizada, convicto das fraquezas da liberdade municipal, o secretário florentino desiludiu-se com a libertação italiana sob a forma republicana. Parece que, se tanto admirou César Bórgia, se visivelmente exagerou

Em algumas partes de seu livro, "O Príncipe", Machiavel deixa antever que a forma de organização política que pode preservar a liberdade da população é a República, porém não de modo explícito. No início de sua obra, ele afirma que todos os Estados ou são Repúblicas ou principados. Algumas linhas depois, assevera categoricamente que os domínios novos ou estão sujeitos a um príncipe ou são livres, explicitando que os principados são submetidos ao poder de um príncipe, e as Repúblicas são livres.[27] No capítulo V, defende que as cidades que são Repúblicas têm mais vida e por isso, mais difíceis de conquistar, enquanto os principados, por estarem sob jugo de um príncipe, não sabem viver livres.[28] No capítulo denominado Principado Civil, afirma que as cidades, dependendo de dois diferentes apetites, podem ter três efeitos: principado, liberdade (que designa a República) e desordem – *"o principato, o liberta o licenzia"*.[29]

---

suas possibilidades e envergadura, é por ter acreditado, durante certo tempo, ver nele o príncipe redentor que, pela ditadura, pela tirania, haveria de realizar o sonho italiano que falhara com a liberdade." CHEVALLIER, Jean-Jacques. *As grandes obras políticas de Maquiavel a nossos dias*. Trad. Lydia Cristina. 7. ed., Rio de Janeiro: Agir, 1995, p. 42.

[27] "Todos os Estados, os domínios todos que existiram e existem sobre os homens, foram e são repúblicas ou principados. Os principados, ou são hereditários, e seu senhor é príncipe pelo sangue, de longa data, ou são novos. São os novos inteiramente novos tal Milão com Francesco Sforza, ou tais membros juntados a um Estado que recebe por herança um príncipe, tal o reino de Nápoles ao rei da Espanha. Tais domínios assim recebidos são, seja habituados à sujeição a um príncipe, seja livres, e são adquiridos com tropas alheias ou próprias, pela sorte ou pelo valor". MAQUIAVEL, Nicolau. *O príncipe*. Trad. Torrieri Guimarães. 6. ed., São Paulo: Hemus, 1977, p. 11.

[28] "Entretanto, quando as cidades ou províncias habituaram-se a viver sob o domínio de um príncipe, destruída a sua geração – porque estão acostumados a obedecer e, faltando-lhes o príncipe antigo, não se lembrem de eleger entre eles mesmos, um novo – não sabem viver livres. Deste modo, são pouco habituados a tomar as armas e; em tais circunstâncias, mais facilmente se ganhará a estima do povo e assegurar-se-á sua fidelidade. Nas repúblicas há mais vida, o ódio é mais inflamado, maior é o anseio de vingança..." MAQUIAVEL, Nicolau. *O príncipe*. Trad. Torrieri Guimarães. 6. ed., São Paulo: Hemus, 1977, p. 31.

[29] "... Dá-se que em todas as cidades se acham estas duas tendências diversas e isto provém do fato de que o povo não deseja ser governado nem oprimido pelos grandes e estes querem governar e oprimir o povo. Destes dois diferentes apetites nasce nas cidades um destes três efeitos: principado, liberdade, desordem." MAQUIAVEL, Nicolau. *O príncipe*. Trad. Torrieri Guimarães. 6. ed., São Paulo: Hemus, 1977, p. 56.

Em "O Príncipe", ele deixa claro que o futuro das organizações políticas não se encontra exclusivamente ao talante de Deus, já que os homens são dotados de livre-arbítrio para poderem escolher seu amanhã. Considera que cinqüenta por cento do destino das Repúblicas se encontram nas mãos de Deus, os outros cinqüenta por cento encontram-se na contingência das virtudes que permeiam a sociedade.[30] Por causa disso, uma República tem que desenvolver as virtudes públicas de seus cidadãos para não depender da sorte, pois, caso contrário, quando as circunstâncias fáticas forem desfavoráveis, ela sucumbirá diante das intempéries.[31]

As análises que Machiavel fez sobre a República foram realizadas sobre dados empíricos e dados históricos. Os elementos empíricos foram colhidos durante o tempo em que exerceu o cargo de segundo Chanceler da República de Florença. À época, a península italiana ainda não havia se unificado, e algumas cidades, como Florença, Milão, Nápoles etc., disputavam o controle da região, aliadas a potências estrangeiras. Diante desse conturbado quadro, contudo rico em experiências políticas, foi que ele auferiu conhecimento necessário para seus estudos. Os dados históricos foram conseguidos dos estudos da República Romana e das cidades-estados gregas, principalmente Atenas.

A República, para o filósofo florentino, é a única forma de organização humana apta a governar no interesse de todos, sem particularismos ou distinções. O mais simples dos cidadãos pode exercer os mesmos cargos públicos que exercem os cidadãos mais ricos, e, no exercício desse cargo, pode obter as mesmas glórias que eles. Em uma sociedade onde impera a liberdade e vedam-se os laços de subordinação, todos são iguais em direitos e em obrigações.

---

[30] MAQUIAVEL, Nicolau. *O príncipe*. Trad. Torrieri Guimarães. 6. ed., São Paulo: Hemus, 1977, p. 142.
[31] POCOCK, John G. A. *Il momento machiavelliano*. Vol. I. Trad. Alfonso Prandi. Bologna: Il Mulino. 1980, p. 329.

A Monarquia não está apta a tal função porque as decisões são tomadas no interesse do rei e da realeza. Inexiste ambiente para o desenvolvimento das virtudes civis porque os objetivos do Estado são determinados por poucos, com ausência da participação popular. É impossível existir uma sociedade bem ordenada porque imperavam a injustiça e o cerceamento das liberdades.

Muitos detratores afirmam que a República tem o defeito de ensejar divisões no tecido social em razão de que a população é chamada a participar das decisões políticas e, como o mandato dos representantes populares é previamente fixado, há necessidade de periódicas eleições para sua escolha, o que acentua os conflitos. O filósofo florentino diverge desse tipo de assertiva, já que considera que uma República pode ser unida, e as divisões podem ser benéficas ou prejudiciais. As divergências são maléficas quando acarretam a partidarização da sociedade, em que a briga pelo poder torna-se um fim em si mesmo, esquecendo-se da defesa da *res publica*.[32] As divergências são benéficas se ela servir para estimular os debates políticos, aprimorando o zelo pelos bens coletivos e estimulando o exercício das virtudes públicas.

O fator teleológico de Machiavel era criar uma sociedade bem ordenada – *repubblica bene ordinata* – isto é, um modelo de sociedade em que seus cidadãos fossem livres e pudessem em conjunto decidir acerca de seus destinos.[33] Uma de suas preocupações era organizar a sociedade de forma que a liberdade da população fosse assegurada, evitando sua subjugação pela vontade de um déspota. A existência de dominação nas relações cotidianas era inadmissível porque impedia os homens de decidirem acerca de seus destinos e de participarem de forma independente das decisões políticas.

---

[32] MAQUIAVEL, Nicolau. *História de florença*. 2 ed. Trad. Nelson Canabarro. São Paulo: Musa, 1998, p.329.
[33] MAQUIAVEL, Nicolau. *Comentários sobre primeira década de Tito Lívio*. 4 ed. Trad. Sérgio Bath. Brasília: UnB, 2000, p. 81.

A finalidade da República configura-se em estruturar a sociedade de acordo com o *vivere civile* ou *virtù civile*. Uma sociedade que não fosse ordenada com base nesse pressuposto seria uma sociedade corrupta ou governada sob a tirania de um governante. Uma cidade corrupta ou que padece de tirania é aquela em que suas relações não são regidas pelo império da lei, em que a finalidade do Estado não é o bem de todos, objetivando o interesse de poucos.

A vantagem de se organizar uma sociedade sob os postulados da *virtù civile*, construindo uma República *bene ordinata*, é que esse tipo de estrutura permite a difusão das virtudes civis entre os cidadãos, da mesma forma que repreende os vícios. Em uma República, cada membro se sente responsável pelos destinos da *polis*, incentivando sua participação ativa e concomitantemente a sua co-responsabilidade pela coisa pública. Quando há transgressão social, o infrator deve ser punido consonante o malefício causado à população, sendo julgado por juiz que foi escolhido pelo povo e obedecendo às regulamentações previamente estabelecidas.

A República, segundo Machiavel, tinha que se amparar em um Estado de Direito, regulamentado por leis justas. O mais notável dessa sua defesa de organização política foi que ele a formulou no século XVI, época na qual ainda não estava consolidado o Estado de Direito e preponderava a vontade do rei de forma absoluta. As leis que regulamentam a sociedade visam a estruturá-las de forma bem ordenada, pois, naquelas que são mal administradas, seus governos não variam da liberdade à escravidão, mas da servidão ao desregramento.[34]

As estruturas normativas são elementos imprescindíveis para a formação de uma sociedade baseada no *vivere civile*, e o bem-estar de seus membros configura-se seu principal objetivo. Defendia que os membros da comunidade têm que se submeter a leis gerais, feitas para todos, sem distinção de classe social ou laços

---

[34] MAQUIAVEL, Nicolau. *História de florença*. 2 ed., Trad. Nelson Canabarro. São Paulo: Musa, 1998, p. 187.

sangüíneos. Advertia ainda que as leis necessitam ser imparciais, proporcionando a todos as mesmas benesses. Caso os mandamentos legais fossem descumpridos, seus infratores sofreriam punições de acordo com o grau do interesse público atingido e por autoridade que fosse investida segundo as cominações legais.

Machiavel igualmente pensou na forma de garantir cumprimento aos comandos normativos. Se as leis fossem descumpridas constantemente, a formação de uma sociedade bem ordenada seria uma atividade impossível. Ele pensou na criação de um magistrado específico para supervisionar a aplicação das normas jurídicas e evitar sua elaboração para atender a interesses particulares. O magistrado, como órgão imparcial e fiscalizado pela população, teria a missão tanto de velar pela aplicação das leis como de assegurar que fossem justas e atingissem os cidadãos indistintamente, impedindo a criação de privilégios.[35]

---

[35] VIROLI, Maurizio. *The theory of the republic*. Disponível em: http://130238503/ilmh/Ren/flor-mach-viroli.htm. Acesso em: 14/06/2004, p. 5.

5. O Republicanismo norte-americano

O Republicanismo exerce assaz influência no debate político travado nos Estados Unidos da América, constituindo-se na principal doutrina que norteou a elaboração da Constituição, em 1787. Sua importância não se restringe aos albores da formação daquele Estado, mas mantém atualidade constante na vida política. A Constituição tem autoridade quase religiosa nos Estados Unidos, e o Republicanismo é a doutrina política que a ampara, haurindo assim o mesmo *status*.[36]

A importância da Independência dos Estados Unidos da América do Norte deve-se ao fato de que ela rompeu definitivamente com a forma de governo monarquista. Foi a experiência de implantação de uma República, na era moderna, que mais influenciou os demais países, primordialmente os da América Latina. Os valores inerentes à Monarquia e aqueles apanágios da nobreza foram suprimidos por valores condizentes com os princípios republicanos. As arbitrariedades praticadas pela metrópole colonial e a corrupção que grassava na monarquia repercutiram de forma tão negativa que propiciou a remodelação da forma de governo e o incentivo das virtudes civis republicanas.

Diferentemente do republicanismo inglês, em que sua formulação teórica foi ulterior aos fatos sociais, nos Estados Unidos a sua formulação teórica antecedeu aos fatos sociais e ainda contribuiu para sua realização. Já na

---

[36] "A Constituição norte-americana tem uma autoridade quase religiosa". CAENEGEM, Raoul C.Van. *I sistemi giuridici europei*. Bologna: Mulino, 2003, p. 68.

Declaração de Independência, de 1776, evidenciam-se alguns ideais republicanos, como a existência de direitos naturais, a feitura de uma constituição que protegesse o desenvolvimento da democracia, a formação de uma sociedade que garantisse aos cidadãos uma existência digna etc.[37]

Para os norte-americanos, o Republicanismo significa os valores que os motivaram a decretar sua independência em 1776.[38] Foram esses ideais defendidos que transformaram os sediciosos colonos em *"Founding Fathers"*. Eles são valores sedimentados na luta contra o Império Britânico, considerado até então potência imbatível, hauridos do horror ao poder arbitrário e do medo da corrupção que se intensificava. Significava, à época da conflagração, o novo em antagonismo ao velho, que o regime monárquico representava tão bem.

Os colonos norte-americanos foram impregnados por princípios oriundos do humanismo clássico, de matriz neo-harringtoniana, que enfatiza o direito à liberdade como prerrogativa essencial para a convivência em sociedade. As virtudes civis eram orientadas por um ideal acima de tudo patriótico, que punha a nação como centro do pensamento político, e a propriedade considerada como instrumento para obtenção do desenvolvimento da personalidade. A plena realização dos homens acontecia mediante a sua participação no processo político, de forma democrática, mesmo que houvesse a possibilidade de contaminação da conduta dos gestores públicos pela corrupção.[39]

Segundo Cass Sunstein, o republicanismo norte-americano é uma doutrina política animada por virtudes civis, configurando-se em requisito para que haja um bom governo porque impõem que os cidadãos subordinem os seus interesses privados aos anseios coletivos. A

---

[37] FLORIDIA, Giuseppe G. *La Costituzione dei moderni. Profili tecnici di storia costituzionale*. Torino: Giappichelli, 1991, p. 78.
[38] APPLEBY, Joyce. *Liberalism and Republicanism in the historical imagination*. Cambridge: Havard University Press, 1992, p. 189-191.
[39] POCOCK, John G. A. *Il momento machiavelliano*. V. II. Trad. Alfonso Prandi. Bologna: Il Mulino. 1980.

política consiste no autodeterminação do povo, em que o governo adota os valores que foram selecionados pela população durante o processo político. Todas as decisões tomadas pelos entes estatais devem ser auferidas do diálogo e das discussões travadas pelos cidadãos dentro dos mecanismos previstos pela democracia deliberativa.[40]

Os próceres principais da independência enfatizavam a necessidade de se fortalecerem as *civic virtue* na tradição republicana, de acordo como os padrões clássicos, porque, se assim não fosse feito, as incipientes reformas realizadas seriam presas fáceis para a corrupção e para o arbítrio, igualhando-se com o estado de coisas antes existentes. Nenhuma forma de governo pode deixar sem amarras o apetite popular, o que impossibilitaria o governo de uma sociedade, por isso as condutas sociais têm que ser regulamentadas, e as *civic virtue* bem como os comandos normativos exercem a contento essa função almejada.

A liberdade religiosa também foi considerada como um paradigma para os republicanos norte-americanos.[41] Nenhum homem poderia ser condenado em razão do credo que professasse, e o Estado não poderia se imiscuir em assuntos dessa natureza, nem adotar qualquer tipo de crença. Como vários colonos foram perseguidos em decorrência de seus credos na Inglaterra, a tolerância religiosa, juntamente com o direito de propriedade e o princípio da autonomia das vontades individuais, constituíram-se no alicerce de seu pensamento político.

Com a finalidade de se evitar o retorno da subjugação, desta vez por parte dos órgãos estatais, os *Founding Fathers* decidiram criar uma forma de governo republicana, instituindo pela primeira vez, com regulamentação em nível constitucional, um sistema presidencialista

---

[40] SUNSTEIN, Cass R. "The enduring legacy of republicanism". In: *A new constitutionalism. Designing political institutions for a good society*. Chicago: University of Chicago, 1993, p. 175.
[41] BOGNETTI, Giovanni. *Lo spirito del costituzionalismo americano*. Torino: Giappichelli, 2000, p.98-99.

de governo, com os poderes estatais fragmentados em três ramos. Regulamentaram as eleições de modo periódico, e mesmo padecendo da mácula da escravidão, foi seu objetivo estimular o estabelecimento de uma democracia participativa.

A forma de Estado federativa foi à solução encontrada pelos republicanismos para ao mesmo tempo defender a pátria contra ameaças externas e proteger os direitos da população. A implantação do federalismo não foi tarefa fácil, apenas em 1781, três anos após a promulgação dos Artigos da Federação, os treze estados aceitaram ratificá-la. A divisão do poder entre a união e os estados-membros impediria a concentração de poder nas mãos do governante e preservaria a liberdade de cada componente federativo, não obstante todos estarem adstritos aos preceitos constitucionais.[42]

O molde da forma de governo adotada liga-se de maneira estreita à vontade dos *Founding Fathers*, dos pais da Constituição, com o escopo de estruturar a organização política conforme a visão compartilhada pelos fundadores do ordenamento jurídico. Assim, os princípios republicanos são formatados em simetria com essa concepção da Constituição de 1787. A preponderância dos princípios firmados no início da construção dos Estados Unidos foi motivada porque havia uma homogeneidade social, cultural e intelectual bastante peculiar, que aliada com o contexto histórico, forcejou uma esplêndida contribuição para a teoria republicana tanto como forma de governo quanto como teoria de liberdade.

A questão é que buscar a vontade dos *Founding Fathers*, teoria que se denomina Originalismo, não apresenta uma linha nítida de direcionamento, haja vista a redação abstrata e abrangente dos dispositivos constitucionais, que podem gerar até mesmo um "paradoxo democrático", na feliz expressão utilizada por Canoti-

---

[42] MADISON, James. *The mind of the Founder.Sources of the political Thought of James Madison*. New England: University Press of New England, 1973, p. 233.

lho, em que as gerações futuras serão obrigadas a seguir o que fora estipulado por uma geração antecedente.[43]

O Republicanismo de matriz norte-americana é bastante ligado à esfera privada dos cidadãos, servindo, muitas vezes, os direitos individuais como limites para a consecução dos interesses coletivos. Ele se alicerça na autonomia da vontade individual, fazendo parte de uma tradição liberal, devendo ser a proteção desse direito o objetivo premente dos entes estatais.

A concepção republicana vigorante no período da fundação dos Estados Unidos não considera como essência do Direito seu papel de previsibilidade, *rule of law*; para essa concepção, sua principal finalidade consiste em garantir a autodeterminação de cada membro da sociedade. Obviamente, o governo deveria ser regido por lei, mas sem mitigar a autodeterminação. A justificativa para a consolidação dessa essência tem raízes históricas, a exemplo da forma como ocorreu a colonização, o longo histórico de opressão da Coroa inglesa aos colonos norte-americanos e a posterior guerra da independência.

Partindo do pressuposto de que a autodeterminação é o alicerce do ordenamento jurídico, as disposições normativas devem propiciar o maior espaço possível de liberdade aos cidadãos, que pautam suas relações sociais pelos princípios decorrentes do Direito Consuetudinário, com a supervisão do Poder Judiciário. A influência do *common law* é preponderante no ordenamento jurídico norte-americano e, sob esse prisma, a produção de leis por parte do Poder Legislativo é considerada um cerceamento na autodeterminação dos cidadãos.

Nesse diapasão, na maioria dos casos, o Estado não pode restringir os direitos individuais sob a alegação de garantir a concretização de um interesse público porque

---

[43] "Como pode um poder estabelecer limites às gerações futuras? Como pode uma Constituição colocar-nos perante um dilema contra maioritário ao dificultar a vontade das descendências futuras na mudança de suas leis?" CANOTILHO, J.J. Gomes. *Direito constitucional e teoria da Constituição*. 2ª ed., Coimbra: Almedina, 1998, p. 68.

essas prerrogativas são consideradas direitos naturais, e, portanto, invioláveis. A atuação dos entes estatais na economia também deve ser restrita em razão de que essa ingerência se configura em arbítrio que deve ser evitado.[44] A propriedade privada configura-se como um dos pilares da sociedade norte-americana e por isso tem que ser resguardada contra as ingerências do poder público, mesmo que seja no interesse da coletividade.[45]

---

[44] OLDFIELD, Adrian. *Citizenship and community. Civil Republicanism and the modern world.* London: Routledge, 1990, p. 156.
[45] "A propriedade é uma contradição no sistema constitucional norte-americano. Durante ao menos 150 anos, a propriedade privada foi a quinta essência dos direitos individuais como limite ao poder do governo." NEDELSKY, Jennifer. "El constitucionalismo estadunidense y la paradoja de la propiedad privada. In: *constitucionalismo y democracia*. Trad. Mónica Utrilla de Neira. México: Fondo de Cultura Econômica, 1999, p. 263.

6. A concepção republicana radical e a clássica

O Republicanismo pode ser dividido em sua vertente clássica e em sua vertente radical. Esta última é igualmente chamada de populista, com um senso pejorativo, pois esse léxico significa a doutrina que defende os interesses populares, porque estimula a participação dos cidadãos, de forma democrática, exaltando-a como uma das mais elevadas prerrogativas da sociedade.

Os republicanos radicais consideram a extensão da democracia representativa um engodo, já que o poder se encontra mais delegado nas mãos de uma burocracia política do que nas mãos da população. O padrão das escolhas efetuadas pelos órgãos estatais deve se basear nas decisões tomadas pelo povo, de forma direta, sem a intermediação de representantes. Eles compreendem que a atuação da burocracia técnica ou até mesmo dos mandatários populares não pode mitigar a vontade do povo, restringindo-se a cumprir o que fora decidido pelos cidadãos. A delegação da soberania popular a representantes eleitos, como os fatos históricos muitas vezes assinalam, deixou desprotegidos os anseios coletivos porque os mandatários preferiram defender seus próprios interesses ao invés de velar pela vontade da população.

Os republicanos clássicos não consideram a intervenção popular de forma intensa nos diversos setores da administração pública como valor fundamental, postulam que o povo manifesta sua vontade nos instrumentos pertinentes ao regime representativo existente. A participação do povo nas decisões políticas é importante, mas dentro dos limites delineados pela democracia. Quem participa do cotidiano da administração pública são os representantes populares, eleitos para exercer tal mister. De forma geral, a população não se encontra capacitada para intervir minudentemente nos negócios políticos, principalmente naquelas matérias que envolvem um complexo grau técnico.

O momento em que o povo se torna protagonista maior na estruturação da *polis* acontece nas crises constitucionais, em que ele tem que participar de forma mais intensa para formular novo texto constitucional. Nos momentos de normalidade democrática, a participação dos cidadãos nos negócios públicos se restringe às eleições e a outros instrumentos congêneres regulamentados por esse regime político.

A concepção republicana radical defende que apenas uma democracia direta, ou majoritariamente plebiscitária e participativa, mostra-se apta a demonstrar e a proteger os interesses do povo. A visão proposta pelo Republicanismo clássico defende que a Democracia representativa, com a participação da população nas eleições, é suficiente para que os órgãos estatais possam realizar e proteger os objetivos almejados pelos cidadãos. Para os primeiros, o povo é o comandante supremo da política e seu agente ativo permanente; os órgãos estatais são considerados estruturas que não são autônomas, haja vista que foram criadas para servir ao povo e não para tomar decisões em seu nome. Para os segundos, os órgãos estatais são compreendidos como estruturas regidas por mandatários públicos que representam a vontade do povo e, assim, podem tomar as decisões necessárias porque expressam essa vontade. Eles são o depositário da confiança dos cidadãos e, se não fizerem jus à confiança recebida, não serão eleitos, teoricamente, na próxima eleição.

Motivado por fatores históricos, o contexto republicano norte-americano refletiu com mais intensidade esse debate. A corrente clássica e a radical diferem em alguns pontos, notadamente em relação à extensão da soberania popular. Ambas entraram em choque no período inicial da nova nação que surgiu no Continente Americano, em 1776, partindo de concepções opostas sobre a sociedade civil e sobre a participação dos cidadãos nas decisões políticas.[46]

Os republicanos radicais consideram a participação política do povo fundamental, devendo se manifestar constantemente para legitimar seus representantes. Partem da premissa de que sempre a população, considerada de forma homogênea, sabe escolher os melhores caminhos para seu destino. Nutre uma certa aversão a qualquer forma de hierarquia ou burocracia. Os republicanos clássicos consideram elemento essencial a confiança que existe entre o povo e seus representantes, e, dessa forma, a população não deve ser convocada sempre para escolher todas as decisões políticas, podendo a maior parte delas ser tomada pelos representantes populares eleitos. Parte da premissa de que o povo nem sempre sabe escolher seu destino, inspirado na teoria platônica, podendo ser passível de corrupção e de que nem sempre sabe decidir o melhor caminho para a coletividade. O processo político representa meio de filtragem dos melhores quadros para exercerem a atividade política.[47]

A concepção republicana radical, adotada, dentre outros, por Thomas Jefferson, defende que o povo, como detentor da soberania popular, deve periodicamente se manifestar sobre as principais decisões políticas, diferenciando a autonomia inerente à sociedade civil daquela inerente aos entes estatais como o escopo de impedir a concentração de poder. Nesse contexto, defende que a *Bill of Rights* deve assegurar a autonomia dos estados federados e reafirma que as normas constitucionais não podem ir de encontro à vontade popular, sob pena de ter

---

[46] APPLEBY, Joyce. *Liberalism and Republicanism in the historical imagination.* Cambridge: Havard University Press, 1992, p. 336.
[47] CASALINI, Brunella. . Sovranità populare, governo della legge e governo dei giudice negli Stati Uniti d'America. In: *Lo Stato di diritto. Storia,teoria, critica.* Milano: Feltrinelli, 2003, p. 229.

seus dispositivos alterados ou de ser até mesmo substituída por outra Constituição que atenda aos anseios populares.

Para Jefferson, uma democracia apenas pode funcionar a contento se o povo puder constantemente atualizar a Constituição de acordo com seus anseios, pois considera cada geração independente das demais e apta a conduzir o processo político segundo suas aspirações. Não considera como uma das funções da Carta Magna ser instrumento contramajoritário para a proteção dos direitos das minorias frente à maioria. Um verdadeiro regime democrático é aquele em que a população pode exercer seu direito de escolha sem restrições, seja por parte de leis ordinárias seja por parte de normas constitucionais.

A concepção republicana clássica, defendida por John Adams, James Madison, dentre outros, assevera que o povo pode ser conduzido pela paixão irracional, como aquela que legitimou o governo de Hitler ou de Mussolini, guiado por uma classe política demagógica. Nessa concepção, a atuação dos órgãos governamentais pode ir de encontro à vontade da maioria da população, desde que atenha-se ao que fora estipulado pela Constituição, direcionando sua atuação para a consecução dos objetivos almejados pelos mandamentos constitucionais.[48] Explica a professora Brunella: "A República é sim o governo do povo, mas o povo não tem existência se não em virtude de sua conformidade com a lei fundamental e com os princípios de justiça – povo e não mera *moltitudine* – existe exclusivamente quando vontade e razão convergem. Apenas neste sentido *rule of the people*

---

[48] Explica Frederico Mioni a concepção de Madison acerca do Republicanismo: "Um garantismo para o indivíduo, mas também para a sociedade, a confiança no autogoverno e em uma concepção harmônica de convivência, a tolerância e a autonomia recíproca como única análise entre o indivíduo e a comunidade. A base deste modelo, que representa também um tratamento diferencial e negativo (como a escravidão), era uma *gentry* iluminada, que via nas funções públicas um meio para o reconhecimento social, mas também para um serviço ao bem comum". MIONI, Frederico. James Madison. Tra federalismo e Repubblicanesimo. In: *Il político*. n. 160, Ottobre-Dicembre, 1991, p. 680.

pode coincidir com *rule of law* e contrapor-se a *rule of men*. Para manter a vontade dos governantes fiel aos princípios do governo da lei, Adams propõe um sistema de *check and balances* que é imaginado como verdadeiro instrumento de controle da paixão, que deveria encarnar uma direção socialmente não danosa".[49]

Bruce Ackerman compartilha da visão clássica ao defender que a população exerce a soberania popular por intermédio dos instrumentos da Democracia representativa. Ele cria a *dualist democracy* que possibilita ao cidadão uma conduta específica em cada uma das duas espécies. Sua concepção de autodeterminação dos cidadãos em uma democracia é dualista porque apresenta um *higher lawmaking track*, específico de uma "política constitucional" e um *lower lawmaking track*, específico de uma "política ordinária". Esta ocorre em tempos de normalidade constitucional, quando a participação política dos cidadãos está adstrita às suas obrigações corriqueiras de cidadania, deixando ao governo e aos representantes eleitos a gerência da coisa pública. Aquele ocorre em momentos de crise institucional, em que a participação política exigida dos cidadãos é mais intensa, necessitando de forte colaboração popular para atingir o grau de legitimidade esperado para a formação do processo constituinte.

A "política constitucional" se diferencia da "política ordinária" porque somente ocorre em momentos extraordinários da vida nacional, quando as condições sociopolítico-econômicas propiciam a sedimentação da legitimidade necessária para o início do processo constituinte, fazendo com que os cidadãos, imbuídos de virtude pública, pensem mais no interesse coletivo do que em seus interesses particulares.[50] Se os legisladores competentes à atuação na "política ordinária", que ocorre no

---

[49] CASALINI, Brunella. . Sovranità populare, governo della legge e governo dei giudice negli Stati Uniti d'America. In: *Lo Stato di diritto. Storia, teoria, critica*. Milano: Feltrinelli, 2003, p. 230.
[50] BONGIOVANNI, Giorgio GOZZI, Gustavo. "Democrazia" In: *Le basi filosofiche del costituzionalismo*. 4 ed., Roma: Laterza, 2000, p. 222.

cotidiano, pudessem legislar acerca da "política constitucional", estariam perpetrando uma fraude à constituição, esbulhando uma função que caberia aos legisladores constituintes, que são eleitos para o exercício de tal preponderante função.[51] A supremacia da "política constitucional" deve-se a particulares requisitos necessários para o surgimento do Poder Constituinte, que exige um processo de deliberação, tanto em termos quantitativos como qualitativos, bem mais rígido do que aqueles exigidos para a formação da "política ordinária".[52]

A teoria republicana radical abriga o princípio do *rule of people* enquanto a teoria republicana clássica adota o princípio do *rule of law*. Esta, ao advogar uma suspeição, mesmo que implícita, a autodeterminação popular abre caminho para a construção da teoria que fundamenta o papel desempenhado pela Suprema Corte norte-americana. Ela deve conter os excessos da soberania popular, ratificando os preceitos contidos na Constituição.

---

[51] Acerca do conceito de fraude à Constituição ver: AGRA, Walber de Moura. *Fraudes à Constituição. Um atentado ao poder reformador*. Porto Alegre: Fabris, 2000, p. 185.
[52] ACKERMAN, Bruce. *We the people. Foundations*. Cambridge: The Belknap Press of Havard University Press, 1991, p. 285-290.

7. O Republicanismo inglês

Pode parecer contra-senso falar-se em Republicanismo inglês pelo fato de que a forma de governo instalada na Inglaterra é a Monarquia, aliás, uma das mais tradicionais do mundo. Não obstante, houve um rico debate teórico, ajudado por circunstâncias históricas, que estimulou o aprimoramento da doutrina republicana.

A doutrina enfoca muito o período histórico denominado Revolução Puritana porque ele permitiu o florescimento de rica teoria sobre o Republicanismo, que se adequasse às necessidades inglesas daquela época. O Republicanismo inglês mencionado é caudatário das experiências ocorridas em Roma e em Florença, influenciando, pelos laços históricos, a formação da República norte-americana.

Os acontecimentos que levaram à execução do rei Carlos I e a adoção do regime monárquico de governo não se deveram à influência exercida pelas idéias defendidas pelo movimento republicano; foram muito mais uma conseqüência das necessidades impostas pelos acontecimentos políticos que ditaram seu desenvolvimento. Os insurgentes não tinham a pretensão de instaurar uma República; se o Rei tivesse aceitado a proposta de paz feita pelos insurgentes, a Monarquia não teria sido derrubada. Por esse motivo, os ideais republicanos já nasceram enfraquecidos na Inglaterra, quase ninguém se auto-intitulava republicano, sendo considerado um termo pejorativo ou cômico.[53]

---
[53] WORDEN, Blair. "Republicanism, regicide and republic: The english experience". In: *Republicanism. A shared european heritage*. Vol. I. Cambridge: Cambridge University Press, 2002, p. 35.

O clima intelectual passou a ser bastante fecundo com a convocação do parlamento, na primavera de 1640. As discussões não serviram para apaziguar os ânimos, muito pelo contrário, o resultado produzido foi o aumento das tensões. A guerra civil se iniciou em 1642 e culminou com a derrota do rei, Carlos I, e sua execução, em 1649, fatos que ficaram conhecidos como a Revolução Puritana, proporcionando a criação de uma República inglesa (*commonwealth*).[54] O protetorado de Cromwell, que assumiu o poder depois da deposição real, durou até 1660, sendo substituído pelo retorno da Monarquia, sob o reinado de Carlos II.

Havia um repúdio muito forte porque o rei não respeitava os direitos e as propriedades individuais, o que foi evidenciado quando se autoconcedeu a prerrogativa de criar tributos sem precisar da autorização do parlamento, com a confecção da *Ship Money Tax*.[55]

Nesse contexto específico, os debates contra a Monarquia concentravam-se em dois pontos: que ela subjugava seus súditos e não respeitava o direito de propriedade. Com o aumento da concentração de poder nas mãos do rei, o povo ficava à mercê de sua vontade, seus direitos restavam desprotegidos porque a qualquer momento poderiam ser suprimidos pela vontade real. O desrespeito à propriedade era considerado a maior afronta aos súditos e consistia no direito que os reis se outorgavam de criar impostos sem a permissão do parlamento. Essa arbitrariedade atingia de forma direta a nobreza e a burguesia incipiente, o que fez com que elas cuidassem de organizar a reação contra os desmandos produzidos pela Monarquia.

[54] Em decorrência da forte influência exercida pelo regime monárquico na Inglaterra, muitos autores defendem que a Revolução Puritana antes de ser uma guerra em busca da implantação de uma república, foi a última guerra religiosa da Europa. DZELZAINIS, Martin. "Anti-monarchism in english Republicanism". In: *Republicanism. A shared european heritage*. Vol. I. Cambridge: Cambridge University Press, 2002, p. 35.
[55] SKINNER, Quentin. "Classical liberty and the english civil war". In: *Republicanism. A shared european heritage*. Vol. II. Cambridge: Cambridge University Press, 2002, p. 15.

O aprofundamento da crise ocorreu quando as duas casas legislativas aprovaram uma resolução que expressava que a liberdade dos súditos britânicos estaria perdida quando suas propriedades dependessem da vontade do rei, mitigando, dessa forma, as possibilidades de que ele pudesse cobrar arbitrariamente tributos. Posteriormente, começou-se a questionar a *"Negative Voice"*, que era o direito que tinha o monarca de aceitar ou de recusar qualquer proposição votada pelo parlamento. E, por último, resolveram criar um exército que ficasse adstrito à vontade do parlamento. Esta última decisão causou sérios embaraços ao rei, que não podia permitir tamanha mitigação a seu poder.[56]

Com essas decisões, o Parlamento asseverou que os cidadãos ingleses não poderiam estar sob o jugo de uma monarquia absolutista e que também o rei tinha obrigação de obedecer às leis vigentes. Houve a tentativa de se estabelecer uma monarquia constitucional, onde a soberania era exercida pelo rei e o parlamento, atuando ambos de forma complementar nas decisões políticas.

As tensões envolvendo o Parlamento e a Coroa, dominada pelos Stuart, continuou mesmo com o retorno da Monarquia, o que culminou com a Revolução Gloriosa, de 1688, em que Guilherme de Orange depôs o rei Jaime II, defendendo a religião protestante e o Parlamento, sendo apoiado pelos dois partidos políticos, os *Whigs*, liberais, e os *Tories*, conservadores. A conseqüência mais relevante da Revolução Gloriosa foi a derrota do Absolutismo político, assumindo o Liberalismo o papel de ideologia preponderante.[57]

---

[56] SKINNER, Quentin. "Classical liberty and the english civil war". In: *Republicanism. A shared european heritage.* Vol. II. Cambridge: Cambridge University Press, 2002, p. 16-17.

[57] "O século XVII foi marcado pelo antagonismo entre a Coroa e o Parlamento, controlados, respectivamente, pela dinastia Stuart, defensora do absolutismo, e a burguesia ascendente, partidária do Liberalismo. Esse conflito assumiu também conotações religiosas e se mesclou com as lutas sectárias entre católicos, anglicanos, presbiterianos e puritanos. Finalmente, a crise político-religiosa foi agravada pela rivalidade econômica entre os benefícios dos privilégios e monopólios mercantilistas concedidos pelo Estado e os setores

O que levou os ingleses a instaurarem a República não foi nem tanto o seu apego a essa forma de governo, já que a Monarquia foi restaurada definitivamente em 1660, mas o repúdio claro contra a tirania e o absolutismo. Se o rei Carlos I tivesse aceitado a proposta de instauração de uma monarquia constitucional, o regicídio teria sido evitado.

O período republicano foi marcado por vários atos radicais, que eram tomados a despeito de fundamentação teórica ou apoio popular, como por exemplo, a extinção da Câmara dos Lordes, que era um importante órgão político e tinha forte apoio em setores da sociedade inglesa. As exasperações provinham de muitas fontes: dos puritanos, com sua moral estreita de construir na terra o reino de Deus; do povo, submetido a diversos mecanismos de exploração; do exército, que tinha compromisso com a liberdade pessoal e a liberdade de consciência religiosa.[58] Os republicanos ingleses mais exaltados defendiam que a forma de governo monárquica é incompatível com o direito à liberdade e que todos aqueles que estão adstritos a essa forma de governo estão destituídos de sua liberdade e, portanto, considerados escravos.

A regulamentação da República inglesa foi realizada pelo *Instrument of Government*, que estruturou o poder em 1653. Logo em seu pórtico, ele afirma que a Inglaterra, a Escócia e a Irlanda seriam governadas dali em diante por uma República. A soberania do povo era representada pelo parlamento, eleito pelo povo, e pelo Lorde Protetor. O *Instrument of Government* concedeu muitas prerrogativas a Cromwell, mas ao mesmo tempo garantiu alguns direitos aos cidadãos, como a liberdade religiosa, e consolidou os poderes do parlamento. Sua importância é que ele foi um dos primeiros textos da

---

que advogavam a liberdade de comércio e de produção". MELLO, Leonel Itaussu Almeida. "John Locke e o individualismo liberal". In: *Os clássicos da política*. Volume I, 2 ed., São Paulo: Editora Ática, 1991, p. 81.
[58] POCOCK, John G. A. *Il momento machiavelliano*. Vol. II. Trad. Alfonso Prandi. Bologna: Il Mulino. 1980, p. 645.

época moderna a delinear a estruturação de uma República.

Foi proclamado que todo o poder emanava do povo, e por isso foram extintos dois dos três estados, a coroa e a nobreza, permanecendo apenas o que representava as classes populares. Na Câmara dos Comuns, houve um expurgo, com a retirada dos parlamentares que tinham ligações com o regime monárquico, restando aqueles que defendiam posições republicanas. O governo passou a ter responsabilidade perante seus súditos e deveria zelar pela liberdade de toda a população e pela preservação de seus bens.

Para que não houvesse concentração de poder que pudesse degenerar em Absolutismo disfarçado, um poder deveria ser mitigado pelo outro, dentro da concepção de uma monarquia mista que, posteriormente, seria denominada *checks and balances*. Com a extinção da Câmara dos Lordes, o Poder Legislativo passou a ser unicameral e principal depositário da soberania popular. O Poder Executivo era formado por um conselho, com um mandato determinado, que estava a serviço do Parlamento, formado por no mínimo treze conselheiros e no máximo, por vinte, cuja função era auxiliar o Lorde Protetor, papel exercido por Cromwell até sua morte.[59]

O debate republicano foi fortemente influenciado pelas idéias romanas, mormente sobre a escravidão e a liberdade. Os ingleses tencionavam construir uma forma de governo que ao mesmo tempo protegesse o direito à liberdade, à liberdade religiosa, e o direito de propriedade pudesse permitir aos cidadãos influenciar as decisões políticas. Admiravam o papel desempenhado pelo Senado na República Romana, que impedia a concentração de poder e velava pelos direitos da população.

Diante dos fatos arrolados, os ideais republicanos não encontraram uma seara fértil para seu desenvolvimento na Inglaterra, o que não elide sua importância. O

---

[59] WORDEN, Blair. "Le idee Repubblicane e la rivoluzione inglese". In: *Libertà política e virtù civile. Significati e percorsi del Repubblicanesimo clássico*. Torino: Fondazione Giovanni Agnelli. 2004, p. 128.

termo *Commonwealth* passou a designar as experiências constitucionais ocorridas entre 1649-1660, relegando os princípios inerentes a esta forma de governo e a sua teoria de liberdade.[60] Durante os cerca de onze anos em que a República vigorou foram impostos limites ao arbítrio estatal, tentando assegurar melhor proteção aos direitos dos cidadãos; a liberdade da população tornou-se prerrogativa fundamental, podendo ser restrita apenas por normas jurídicas votadas pelo parlamento; as virtudes civis foram estimuladas como forma de prevenir a volta do Absolutismo. Só o fato de ter sido implantada uma forma de governo republicana em um país com a tradição monárquica que tem a Inglaterra e ter se tentado desenvolver seus valores pertinentes, é suficiente para reafirmar a relevância da experiência republicana inglesa.

---

[60] CORNS, Thomas N. "Milton and the characteristics of a free Commonwealth". In: *Milton and Republicanism*. Cambridge: University of Cambridge, 1995, p. 27-28.

8. O Republicanismo como forma de governo

Forma de governo significa o modo pelo qual o poder se estrutura e se organiza, definindo o *status* de sua situação jurídica, bem como delineia as esferas nas quais os cidadãos se relacionam com as autoridades públicas. Ela analisa os órgãos componentes do Estado, estabelecendo o modo como funcionam e sua relação com a sociedade e com os outros órgãos do aparelho estatal.

Aristóteles divide as formas de governo entre puras e impuras, conforme critério numérico, baseado na quantidade de cidadãos que participam do governo, e critério moral, indagando se a finalidade da organização política é exercida para garantir o bem-comum ou somente proteger os interesses pessoais. As formas puras impregnadas de altos valores morais são: Monarquia, governo de um só; Aristocracia, governo de vários; Democracia, governo do povo. As formas impuras impregnadas de valores morais incompatíveis com a defesa da coisa pública são as seguintes: Tirania, deturpação da Monarquia; Oligarquia, deturpação da Aristocracia; Demagogia, deturpação da Democracia.

Montesquieu classifica as formas de governo em Monarquia, República e Despotismo.[61] Por sua vez, a República pode ser dividida em Democracia e Aristocracia, consonante as decisões políticas são tomadas com a participação da população ou apenas uma elite participa

---

[61] MONTESQUIEU, Charles-Louis de Secondat de. *Lo spirito delle leggi*. Trad. Beatrice Boffito Serra. 5 ed., V. I. Milano: Universale Rizzoli. 1999, p. 155.

do processo. O valor preponderante na Monarquia é a honra; na Democracia, o amor à pátria, e a igualdade; na Aristocracia, a moderação; e no Despotismo, o medo criado pelo poder absoluto. No governo republicano, quem detém o poder é o povo ou uma parcela deste; no governo monárquico, quem detém o poder é o rei, obedecendo às disposições normativas estabelecidas; no governo despótico, o poder concentra-se nas mãos de uma única pessoa, que o exerce sem a restrição de disposições normativas.

Jellinek conceitua a Monarquia como forma de governo cujo poder é personificado no rei, simbolizando a supremacia estatal.[62] Cronologicamente, ela se originou bem antes da República, como decorrência da necessidade de conceder o poder a uma pessoa para organizar a sociedade, com a finalidade de enfrentar os perigos que a ameaçavam. Apresenta como principais características a vitaliciedade, em que o monarca governa sem tempo determinado, perdurando até sua morte ou sua incapacidade, e a hereditariedade, em que os reis são escolhidos de acordo com uma linha sucessória estabelecida.

A Monarquia, sob uma perspectiva histórica, evoluiu de um modelo absolutista, no qual o rei era considerado onipotente, para um modelo constitucionalista, no qual reina, mas não governa. No primeiro modelo, o monarca é considerado um Deus ou um mandatário da divindade, ou representava o próprio Estado.[63] No segundo, está adstrito às disposições contidas na Constituição, assumindo uma função representativa dos interesses da nação.[64]

---

[62] JELLINEK, Georg. *Teoría general del Estado*. Trad. Fernando de los Rios. México: Fondo de Cultura Econômica, 2000, p. 586.

[63] "Sabemos que os reis, de início, quando não deuses, eram pelo menos representantes de Deus na terra, reis pela graça de Deus. Do Império Romano à monarquia francesa encontramos toda uma gama de direito divino. Tais monarquias passaram, porém, a história: têm hoje mero interesse histórico". PAUPÉRIO, A. Machado. *Teoria geral do Estado*. 7 ed., Rio de Janeiro: Forense, 1978, p. 213.

[64] "Mas a monarquia, aceitando as limitações constitucionais e fazendo outras concessões, ainda resistiria durante o século XIX em grande número de Esta-

O pior defeito da Monarquia não é tanto a concentração de poder nas mãos de uma única pessoa, problema solucionado pelas limitações expressas na Constituição, mas a ausência de escolha do monarca pelo povo, cujo cargo é hereditário. A proibição de que um simples cidadão possa algum dia vir a ocupar o cargo de rei, destinando o exercício desse ofício a apenas uma família, colide frontalmente com a igualdade e com os demais princípios intrínsecos da Democracia.

A República nasce da forte oposição à forma de governo monárquica. Ela traduz a negação da direção do Estado por parte de pessoa física, que possa representar exclusivamente a nação, a despeito de sua população, que teoricamente é quem detém a soberania. Apresenta como principais características a temporariedade, em que cada representante exerce seu mandato por tempo previamente determinado, ao final do qual tem que submeter novamente seu nome à população se quiser mais uma vez ocupar o cargo; eletividade, consistindo na prerrogativa de que qualquer cidadão pode disputar um mandato e ser eleito pelo voto popular; responsabilidade política, que é a obrigação que o gestor público tem de prestar contas à sociedade de como está administrando o patrimônio coletivo. Nessa forma de governo, os interesses públicos devem ser colocados em primeiro lugar em relação aos interesses privados, porque os princípios inerentes ao *vivere civile* estabelece que as condutas dos cidadãos sejam orientadas no sentido de resguardar a *res publica*.

A República desloca o eixo de poder, colocando-o nas mãos do povo, fundado sob o princípio da soberania popular, de conotação iluminista, arrefecendo a legitimação centrada no regime monárquico, de caráter teo-

---

dos. Mas desde o início do século XX, primeiro sob influência das transformações econômicas e, depois, da I Guerra Mundial, começou a liquidação das monarquias, que a II Guerra Mundial iria acelerar. Atualmente, qualquer pretensão monarquista é vista como um anacronismo e uma originalidade, não havendo um só movimento significativo no sentido de uma restauração monárquica". DALLARI, Dalmo de Abreu. *Elementos de teoria geral do Estado.* 19 ed. São Paulo: Saraiva, 1995, p. 193.

crático. Há uma vedação absoluta à prática de arbitrariedades, *in potestate domini*, que impede os cidadãos de praticarem atos movidos pela vontade de um tirano ou *dominus*.

A possibilidade de o mais humilde dos componentes da sociedade poder se tornar gestor público foi uma das conseqüências da forma republicana de governo. O mandatário da nação não mais será alguém escolhido por Deus, provindo de uma linhagem aristocrática, mas um homem do povo, escolhido por seus semelhantes e que exerça o poder em seu nome. Cada gestor público deve ser escolhido de acordo com suas virtudes, não em razão de seus vínculos familiares.

Qualquer um pode ser escolhido, depositando a população confiança no indicado para desempenhar seu mister. Caso não faça jus à fidúcia recebida, na próxima eleição pode o povo substituí-lo, colocando em seu lugar pessoa mais competente. Ou seja, o fator de escolha para o exercício das funções públicas é o critério da competência, sem a utilização de critérios que possam ensejar privilégios.

Por esses motivos, a República é a forma de governo que consegue aglutinar um grande apoio popular em torno de seus ideais, enquanto a forma de governo monárquica não ostenta tamanho nível de legitimação.[65]

---

[65] "Se, por outro lado, se perguntar ao povo se ele deseja estar distante do governo, impossibilitado de controlá-lo e fiscalizá-lo; se apreciaria fosse-lhe negado o acesso a qualquer tipo de informação sobre as funções de governo; se quer governantes que não conhece e não escolheu e, ainda, ficar impossibilitado de confirmá-los ou renová-los nas funções, evidentemente, a resposta seria negativa. A maioria do povo responderia unissonamente, seja por inclinação natural, seja por experiência, seja por ideologia: repeliria, destarte, a monarquia e todas as formas não democrático-representativas de governo". ATALIBA, Geraldo. *República e Constituição*. 2 ed. São Paulo: Malheiros, 1998, p. 30.

9. As virtudes cívicas

O núcleo axiológico do Republicanismo são as virtudes cívicas. Elas são o substrato que alicerça a construção de uma cidadania ativa, em que cada cidadão, além de ser parte integrante da comunidade, é também ator das decisões políticas, e une seu destino e suas aspirações ao interesse geral da coletividade. Portanto, o objetivo da difusão das virtudes cívicas é a construção de uma cidadania ativa, que se configura como uma das condições para que a República assegure a liberdade dos membros da sociedade e evite a implantação de regimes totalitários. Segundo John Pocock, elas representam, antes de tudo, um ideal de ação, e não apenas uma justificação para o próprio comportamento.[66]

As virtudes cívicas devem formar nos cidadãos um *ethos* comum, *sensus communis*, que reflita uma comunidade naturalmente integrada, com a missão de incutir nos cidadãos os valores de respeito à *res publica*, entendida como uma prerrogativa da sociedade, com uma idéia própria de bem-comum, protegida pela participação ativa da população nas decisões políticas. Elas podem ser condensadas em um denominador, que seria a construção de uma sociedade livre, um Estado democrático de bem-estar, cimentando as relações sociais através de "forte nexo vital ético", o que garante a harmonia social, fazendo com que todos se sintam parte integrante da comunidade.

---

[66] POCOCK, John G. A. *Il momento machiavelliano*. Vol. II. Trad. Alfonso Prandi. Bologna: Il Mulino. 1980, p. 641.

A origem das virtudes públicas é que partem de uma comunhão de interesses, mesmo em uma sociedade plural, orientadas para uma única finalidade: que as decisões políticas possibilitem o máximo de bem-estar possível a cada cidadão. Se o bem-estar individual depende da harmonia social, sentindo-se cada um como componente de uma coletividade, interligando seu futuro ao destino da sociedade, então o *ethos* comum encontra ambiente fértil para seu desenvolvimento. É esse conteúdo valorativo que faz com que os interesses particulares sejam colocados em segundo plano diante dos interesses da *civitas*.

Essas virtudes se configuram como requisito inexorável para o estabelecimento de uma República que faça jus à sua essência substancialista, orientando a prática política através de valores ontológicos. Ausente uma visão compartilhada de ethos público, em que os cidadãos não se sintam co-responsáveis pela coisa pública, em que não haja parâmetro moral para definir a conduta dos gestores públicos, as necessidades coletivas sucumbirão defronte as premências estabelecidas por um Estado patrimonialista.

A noção de *res publica* desempenha o papel de catalisador para as virtudes públicas, configurando-se em referencial para seu desenvolvimento. Ela significa, literalmente, coisa do povo, bem comum, aquilo que pertence à comunidade e está à disposição da coletividade. Na Roma republicana, seu conceito representava o próprio Estado, açambarcando encargos e atribuições públicas no desiderato de garantir os anseios sociais, em antítese à noção de *res privata* ou *familiaris*.

A *res publica* expressa que as decisões políticas devem ser tomadas em benefício da população, e que os mandatários e os gestores públicos têm obrigação de exercer suas funções de forma a considerar o bem público como algo sacro, densificando a eficiência dos órgãos estatais no atendimento das demandas coletivas. Ela é inconciliável com interesses específicos. Enquanto estes visam à satisfação de anseios privados, de um ou de poucos, a coisa pública tem o escopo de satisfazer as perspectivas da coletividade.

Segundo Maurizio Viroli, a principal força para a concretização das virtudes civis configura-se no amor à pátria. Esse amor nasce do compartilhamento dos bens comuns oferecidos pelo Estado e do fato de que toda a população, em maior ou menor grau, compartilha do mesmo destino. Para os doutrinadores clássicos, a palavra *pátria* tinha o mesmo significado que *República*, ressaltando seu sentido de liberdade.[67] O amor pela pátria faz com que os cidadãos se sintam membros da coletividade, o que acarreta mitigação dos interesses pessoais, estimulando que valores inerentes ao governo republicano possam se sedimentar no imaginário coletivo.

Os republicanos utilizam o amor à pátria como fator agregador das virtudes públicas, canalizando-as para a concretização dos ideais dessa forma de governo. Esse sentimento contribui para que as diferenças existentes na população possam ser atenuadas, já que os cidadãos se sentem membros da mesma coletividade. Os dispositivos legais, em razão de sua coercitividade, são aptos a produzir feitos, mas a intensidade da produção dos efeitos pode ser potencializada se a população se sentir motivada a seu cumprimento. O sentimento patriótico pode exercer essa função e até mesmo respaldar o sacrifício de interesses pessoais em razão do bem coletivo.

Deve-se salientar que esse nobre sentimento não pode ser confundido com nacionalismos excludentes e arbitrários, que são utilizados como forma de dominação de um povo. Os ideais republicanos são incompatíveis com qualquer forma de subjugação da população ou cerceamento das liberdades individuais em seus múltiplos aspectos. O sentimento de pátria defendido supera sua ligação com vínculos raciais, territoriais ou culturais para enfatizar a responsabilidade pela feitura

---

[67] VIROLI, Maurizio. *Repubblicanesimo*. Bari: Laterza. 1999, p. 69-72.

de políticas públicas comuns, que sejam do interesse da coletividade, sem distinções geográficas.[68]

O fenômeno da globalização e a formação dos grandes blocos econômicos não arrefecem o sentimento de pátria se for considerado como denominador comum o amor ao gênero humano, independente de cor, raça ou posição social.[69] O apego a determinados limites territoriais está ultrapassado diante da atual realidade, o homem é um ser cosmopolita e sua cidadania ativa exorbita os limites geográficos do país no qual nasceu. Os deveres republicanos deixam de ser circunscritos a determinados países e passam a englobar a humanidade, seu espaço de atuação política amplia-se para toda a seara global. Primeiro, vêm os deveres para com o gênero humano, para em segundo plano prevalecerem os deveres para com o local de nascimento.

[68] O conceito republicano de pátria não se confunde com seu senso chauvinista. Nesse sentido, explica Zagrebelsky: "O significado que pode haver hoje esta idéia cultural de pátria se compreende no confronto com a teoria naturalística baseada sobre a comunhão de terra, estirpe e história. Esta, ao contrária daquela, é um dado que se marca como um destino; compreende o bom, o menos bom e o pior, tudo significa e tudo se resume na aceitação passiva ou às vezes na ostentação, conjuntamente com a virtude, dos países vizinhos; é fechada sobre ela mesma, obstaculando a construção de uma comunidade humana progressivamente mais vasta. Comporta, em fim, um potencial perigoso para a convivência entre os homens, os grupos sociais e os povos, devido a intensidade de agressividade que ela contém e a justifica nos confrontos com quem não pertence a esta comunidade" ZAGREBELSKY, Gustavo. "Come se può essere repubblicani". In: *Lezione per la repubblica. La festa è tornata in città*. Reggio Emilia:Edizioni Diabasis, 2001, p. 162.

[69] O professor Paolo Grossi esboça a seguinte consideração sobre o processo de globalização: "No planeta jurídico 'globalização' significa que os protagonistas da vida econômica (uma vida econômica sempre majoritariamente de dimensão global), insatisfeitos por muitas razões com a normatização realizada pelo Estado nacional, começam a dar vida a um direito mais adaptado e mais eficaz, transformam-se em produtores do Direito, com o resultado conspícuo que, do lado do Direito oficial – aquele dos Estados nacionais ou de uma comunidade supranacional – constrói-se um Direito absolutamente privado porque é criado por entes privados para tutelar os seus próprios interesses, que correm efetivamente, de forma tácita, em um canal paralelo e que não necessita encontrar a sua justificação diante de órgãos estatais ou supra-estatais. Assim são regulamentados pelo arbítrio individual ou através do interesse de grupos econômicos, já que contam formalmente com a adesão dos *homines oeconomici* e não necessitam, por essa razão, da chancela estatal". GROSSI, Paolo. "Il diritto tra norma e applicazione. Il ruolo del giurista nell'attuale societa'italiana". In: Inaugurazione dei corsi d'insegnamento dell'anno accademico. 2001-2002. Firenze: Università Degli Studi, 2002, p. 27.

É patente a ligação existente entre as virtudes cívicas e a liberdade. A primeira não pode subsistir sem a segunda nem a segunda sem a primeira porque ambas são condições recíprocas para suas respectivas concretizações. O conteúdo axiológico das virtudes civis tem o desiderato de garantir e desenvolver a autonomia do cidadão para que possa escolher os objetivos almejados ao longo de sua vida. A liberdade é garantida pelos princípios da *virtù civile* porque impedem a existência de relações estabelecidas por subordinação ao colocar os interesses da *polis* acima dos outros interesses, além de permitir a participação dos cidadãos no processo de formação das leis que se configura no único instrumento lícito de restrição às prerrogativas individuais.

Também se mostra evidente a ligação com o princípio da dignidade. Esse princípio carrega um valor fundamental que traduz a própria natureza humana, portando-a de direitos indeclináveis para a expansão das potencialidades coletivas.[70] Considerando que esse núcleo axiológico, apanágio do cidadão inserido na sociedade, apenas pode prosperar se a dignidade da pessoa humana for um princípio extensível a todos, pode-se asseverar que o *ethos* republicano apresenta o princípio da dignidade como requisito para seu desenvolvimento.

O núcleo valorativo adotado pelas virtudes civis se antagoniza de forma direta com os apanágios que derivam da corrupção, com a alienação da maior parte da população na elaboração das políticas públicas, com o espírito de acumulação privada através do aumento da exploração assalariada, com o individualismo exacerbado, com a especulação financeira em escala mundial, em suma, com as mais variadas formas de interferência ilícita na autonomia dos cidadãos.[71]

---

[70] Acerca da força normativa do princípio da dignidade da pessoa humana, vide: SARLET, Ingo Wolfgang. *Dignidade da pessoa humana e direitos fundamentais na Constituição Federal de 1988*. Porto Alegre: Livraria do Advogado, 2001, p. 70.
[71] APPLEBY, Joyce. *Liberalism and Republicanism in the historical imagination*. Cambridge: Havard University Press, 1992, p. 22.

O *ethos* imperante em determinada sociedade serve como limitador para que os dispositivos normativos não sejam desviados de sua finalidade. A lei é considerada o elemento de regulamentação da coletividade, impondo obrigações e delimitando a conduta de cada um. Essa atribuição não impede que ela possa ser utilizada no intento de atender a interesses pessoais, contrários aos interesses da *polis*, maculando seus requisitos de generalidade, eqüidade e justiça. As virtudes vislumbradas exercem a função de *standards*, fazendo com que os dispositivos normativos possam cumprir a finalidade para os quais foram criados.

Destarte, o desenvolvimento e a divulgação dos princípios inerentes à virtude cívica são imperiosos para a concretização do Republicanismo como teoria de liberdade. O que acrescenta mais uma finalidade para a consecução por parte do Estado: prover os cidadãos do ensino da virtude cívica. Os valores inerentes às virtudes cívicas formam uma "cultura da cidadania", e uma sociedade que adota a forma de organização política republicana tem obrigação de difundir esses vetores axiológicos. Se o cidadão não for virtuoso, a República, da mesma forma, não pode ser virtuosa.

Os valores que formam as virtudes cívicas não são um elemento absoluto que nasce do nada. Eles originam-se de um processo em que elementos axiológicos vão sendo sedimentados de forma paulatina, fruto de um contexto histórico e em simetria com circunstâncias sociopolítico-econômicas. As virtudes cívicas necessárias à edificação da República Romana, por exemplo, não mais são consideradas necessárias para a construção de uma República na Pós-Modernidade. São valores históricos que sofrem variação em sua intensidade e em sua amplitude no espaço temporal e no geográfico, moldando-se de acordo com as premências de cada sociedade específica.

Não obstante, podem-se traçar alguns parâmetros que em seu conceito principiológico são gerais a todas as Repúblicas. Dentre a lista das virtudes cívicas, podem ser exaltadas: a igualdade, a simplicidade, a prudência, a honestidade, a benevolência, a frugalidade, o patriotismo, a integridade, a sobriedade, a abnegação, o apego ao trabalho, o amor à justiça, a generosidade, a nobreza de caráter, a coragem, o ativismo político, a solidariedade etc. Em sentido contrário, há alguns valores que devem ser combatidos pelo Republicanismo, como: a ambição, o orgulho, a avareza, o egoísmo, a prodigalidade, a ostentação, o refinamento, a covardia, a extravagância, o luxo etc.[72]

O espaço de incidência dessa carga valorativa incentivada pelo Estado não é tão amplo a ponto de se confundir com um completo código moral, suas cominações são direcionadas especificamente à participação da população nas decisões políticas, na gestão da coisa pública e na escolha de políticas públicas que contemplem a grande maioria da população, inadmitindo que as ações estatais sejam tomadas de forma arbitrária. As relações privadas que não interferem na esfera pública estão fora de sua órbita, sendo da alçada da autonomia privada dos cidadãos.

As virtudes cívicas não são um imperativo categórico que obrigatoriamente são cumpridas pela população. Existe necessidade de criação de determinadas estruturas que desempenhem a missão de estimular seu desenvolvimento. Como elas não são elementos *a priori*, que têm uma existência de per si, sua efetivação depende de medidas estruturais que possam fortalecer sua concretização, ultrapassando os obstáculos colocados pela seara fática.

Essas estruturas não podem ser consideradas virtudes cívicas, mas interferem de forma direta em seu conteúdo e contribuem para sua aplicação. Como exemplo, podemos elencar: o regime democrático; as garantias propiciadas pelo Estado Democrático Social de Direito; a separação de poderes; os mecanismos de

---

[72] GARGARELLA, Roberto. El Republicanismo y la filosofia política contemporánea. Disponível em: http://168.96.200.17/ar/libros/teoria1/gargare.rtf. Acesso em: 14/04/2004.

fiscalização da coisa pública; o desenvolvimento dos institutos da democracia participativa; o princípio da igualdade substancial etc.

Os valores que compõem esse núcleo essencial da cidadania preponderam em relação aos direitos individuais porque são imprescindíveis para a sobrevivência da forma de governo republicana. A exacerbação destes direitos é uma das causas da ruína de muitas nações; por outro lado, se alguns deles não forem respeitados, significará a implantação de uma tirania, incondizente com um regime democrático. O Republicanismo se compatibiliza com os direitos individuais, agora eles têm valor relativo, podendo ser mitigados em prol da concretização das virtudes civis.

As virtudes civis podem ser compartilhadas pelas mais variadas classes sociais, porque não colidem com seus interesses específicos. Como esses valores delineiam os mandamentos de funcionamento de uma democracia participativa e informam as regras de respeito à *res publica*, eles são adequáveis aos interesses dos amplos setores existentes na sociedade, impedindo a ocorrência de antagonismos insuperáveis.

O conjunto valorativo que compõe essas virtudes consideradas imprescindíveis para o governo republicano não significa necessidade de renúncia e frugalidade, dentro de uma perspectiva estóica, como advoga Montesquieu.[73] A colaboração da população nos negócios políticos reafirma uma opção de co-responsabilidade na implementação do planejamento governamental, sem que cada um seja impelido ao sacrifício de sua vida privada e de seus anseios.

É lícito que cada membro da sociedade procure o caminho mais factível para sua progressão social, haja vista ser a obtenção de riqueza compatível com os princípios defendidos pelos republicanos. Entretanto, a riqueza não pode se transformar em instrumento de exclusão social e de subjugação dos mais pobres pelos

---

[73] MONTESQUIEU, Charles-Louis de Secondat de. *Lo spirito delle leggi*. Trad. Beatrice Boffito Serra. 5 ed., V. I. Milano: Universale Rizzoli. 1999, p. 182.

mais ricos. Ela se classifica como benéfica quando é construída levando em consideração o mérito pessoal e se classifica como indesejável quando é construída com base na exploração de outrem ou através de favores públicos. Tenta-se impedir que um alto nível de desigualdade social seja fator de inibição da expansão de oportunidades para a maioria da população.

Um grave risco para o Republicanismo é os valores cívicos não serem absorvidos pela sociedade ou serem até mesmo desvirtuados. Sem um liame que possa unir a atuação política da sociedade, por intermédio de um "nexo ético vital", o espaço das decisões políticas deixa de ser um *locus* para o desenvolvimento do interesse público. Os valores sedimentados precisam se basear no altruísmo em que o cidadão se reconheça como membro da sociedade e aceite as obrigações dela decorrentes. Exemplo que deve ser evitado foi o Jacobinismo republicano, implementado pelos revolucionários franceses, em que o terror foi justificado como arma para a proteção das virtudes civis. Ele foi um movimento caracterizado pela intolerância, primordialmente com aqueles que não defendiam os mesmos ideais dos revolucionários.

O papel desempenhado pelas virtudes civis é considerado imprescindível porque permite aos homens desenvolver integralmente seu potencial e dessa forma assegurar a liberdade que se configura no fator teleológico da forma republicana de governo.

10. A influência do princípio democrático

Não se pode conceber a instituição de uma República sem a presença de um regime democrático. Uma das características mais marcantes do Republicanismo é que as decisões políticas são tomadas pela população, depois de amplo debate político que esclareça a temática abordada e permita uma escolha consciente. A Democracia é o único regime político que possibilita autogoverno por parte dos cidadãos, alicerçado na idéia de cidadania ativa.

Durante o século XVIII, os termos *Democracia* e *República* eram substancialmente iguais no uso comum e na linguagem filosófica.[74] Podemos notar então um forte enlace entre Republicanismo e regime democrático de governo, permitindo à população *"a maximum voice in the government"*.[75] Aliás, até o século XX, era grande a vinculação entre Republicanismo, Liberalismo e regime democrático.

A etimologia da palavra *Democracia* vem de *demos* (povo) *e kratos* (governo-poder), exprimindo o significado de governo do povo. O nascimento da Democracia pode ser creditado a Atenas, salientando-se, entretanto, que ela era possível apenas aos homens livres, excluídos os escravos e as mulheres, que formavam a maioria da população. Ela surge depois da tirania de Pisístrato e de seu filho, através da legislação produzida por Clístenes.

---

[74] DAHL, Robert A. *Quanto è democratica la Costituzione americana?* Roma-Bari: Laterza, 2003, p. 114.
[75] UNIVERSITY OF ARKANSAS. *Republicanism from gordom wood's creation of the american republic.* Disponível em: file://A:\Republicanism.htm. Acesso em: 07/06/2004.

O órgão principal era o Conselho dos Quinhentos, que tinha as funções administrativa, financeira, militar e redigia as propostas que seriam votadas em assembléia geral pela população, denominada *Ekklesia*. O terceiro órgão mais importante do regime democrático grego era a *Eliea (Heliáia)*, que tinha a incumbência de exercer as funções judiciais.[76]

A força que o regime democrático ostenta nos dias atuais é quase uma unanimidade. Até mesmo os países governados por ditaduras tentam mascarar sua essência com adornos democráticos. Exemplificam essa preponderância as palavras de Rousseau de que se existisse um governo de deuses, eles governar-se-iam de forma democrática. Ocorre que um governo com esse nível de perfeição não convém aos homens.[77] Pode-se concluir que, de todos os regimes de governo já inventados pelo homem, é a democracia aquela que melhor pode assegurar as prerrogativas inerentes a um Estado Social de Direito.

Não há tentativa deliberada de instalação de uma democracia direta nos moldes atenienses, haja vista a questão demográfica e que muitos dos problemas enfrentados são bastante complexos, o que exige decisão por parte de pessoas que tenham vasto conhecimento sobre a matéria. Todavia, a Democracia representativa clássica mostra-se incompatível com vários dos preceitos do Neo-Republicanismo, primordialmente no pertinente ao incremento de uma cidadania ativa.[78] O objetivo é a criação de uma democracia mais efetiva e

---

[76] FASSÓ, Guido. *La democrazia in Grecia*. Milano: Giuffrè, 1999, p. 18-19.
[77] ROUSSEAU, Jean Jacques. *O contrato social*. 5 ed. Trad. Antônio de P. Machado. São Paulo: Brasil Editora, 1958, p. 82.
[78] Carré de Malberg expõe seu conceito de regime representativo: "Em sua concepção política, que é também a sua concepção corrente e vulgar, a terminologia regime representativo designa, de uma maneira que chegou hoje a ser tradicional, um sistema constitucional em que o povo se auto-governa por intermédio dos representantes eleitos pelo povo, em oposição tanto ao regime despótico, em que o povo não tem nenhuma ação sobre os seus governantes, como em relação ao regime de governo direto, em que os seus cidadãos se governam por si mesmos". MALBERG, R. Carré de. *Teoría general del Estado*. Trad. José Lión Depetre. México: Fondo de Cultura Económica, 2000, p. 916.

plural, que funcione com a participação atuante da população.

A exigência de um regime de governo democrática e o repúdio a formas ditatoriais de gestão é um requisito inafastável para os republicanos. A ditadura representa a imposição do domínio como regra, e a liberdade como exceção; a revogação dos direitos fundamentais e a difusão do medo como instrumento de coerção. A incompatibilidade com um regime de governo autoritário não é a ausência de regras, mas o fato de que essas regras são feitas de forma arbitrária, sem a participação do povo.

Em virtude da necessidade que os Neo-Republicanos têm de aumentar a intensidade da Democracia, há procura por novos *locus* de participação da população nas escolhas coletivas. Esse aumento na participação política pode ser propiciado pela criação de um espaço público de discussão, como planteado por Habermas, com a finalidade de aumentar a legitimidade das decisões tomadas pelos órgãos estatais.[79] Os antagonismos políticos passam a se circunscrever aos espaços públicos da sociedade, sem degenerar em antagonismos pessoais. O regime de governo republicano apresenta solução para os problemas vivenciados se houver radicalização dos procedimentos democráticos, incrementando a legitimação das opções políticas definidas.

Para que esses espaços públicos possam cumprir a finalidade para o qual foram criados, estimular e desenvolver o regime democrático, sua regulamentação deve ser feita pelo Estado, entidade que representa os interesses comuns da sociedade. Ao se evitar a interferência privada na estruturação dos órgãos da Democracia, tenciona-se assegurar a oportunidade de igual participação a todos os cidadãos, sem correlação com seu poder

---

[79] Para Habermas, apenas um espaço público vigilante, móvel e bem informado, que tenha força para influenciar as decisões parlamentares, pode condicionar a formação de um direito legítimo, evitando que as decisões políticas possam ser tomadas independente de um sólido alicerce que as ampare. HABERMAS, Jürgen. *Fatti e norme. Contributti a una teoria discorsiva del diritto e dela democrazia*. Trad. Leonardo Ceppa. Milano: Ângelo Guerini, 1996, p. 523.

econômico ou social. Os espaços públicos são o local da igualdade e da liberdade, incompatíveis com interferências para a defesa de interesses particulares.

Outra necessidade se configura na premência de democratização das informações no espaço público. Sem acesso ilimitado às informações, os cidadãos não podem tomar decisões de forma livre, pois estão sofrendo influência dos donos dos veículos de comunicação, que impedem as notícias divulgadas de refletirem a realidade. As notícias são veiculadas de acordo com os interesses de seus proprietários, com a finalidade de alienar a população e incentivar seu ceticismo político. Em uma democracia, a opinião pública exerce função imprescindível. Ela desempenha o papel de indicador da vontade da população, além de contribuir para o avanço da sua consciência política. Quanto mais desenvolvida for a opinião pública, mais avançada será a Democracia e mais efetivo será o autogoverno dos cidadãos.

A escolha das políticas públicas em uma democracia é mais demorada; cada decisão, antes de ser tomada, deve ser precedida por intensos debates públicos, que proporcionam à população consciência a respeito dos assuntos que devem ser decididos. Sua vantagem é que quando as escolhas são realizadas, ostentam grau mais intenso de legitimidade que lhes garante sua eficácia. Em regime autoritário, as decisões podem ser tomadas com maior rapidez, entretanto, ao menor sinal de arrefecimento do poder de coerção que o mantém, sua legitimidade dilacera-se, bem como suas condições de governabilidade.

Essa prática de participação coletiva nas escolhas realizadas pelos órgãos estatais contribui para o desenvolvimento do espírito de diálogo entre os cidadãos. O dia-a-dia no exercício da Democracia oferece um ensinamento prático de que o diálogo se configura no melhor método para a resolução dos conflitos. Mesmo as frustrações oriundas de escolhas não-compartilhadas por setores da população são diluídas porque a participação no processo de decisão foi aberto, e a força da persuasão do convencimento diminui as amarguras.

O exercício do diálogo valoriza a pluralidade de opiniões e facilita a integração social, pois os cidadãos são considerados partes componentes de um mesmo processo democrático, com os mesmos direitos e responsabilidades. Dissemina-se um sentimento de respeito pelo outro, em que as opiniões divergentes contribuem para o aprimoramento do sistema político, assegurando a autocrítica da sociedade e promovendo o desenvolvimento do regime democrático.

A regra na Democracia de que cada decisão é precedida de diálogo e constantes debates permite a contestação por parte daqueles que não tiveram seu posicionamento contemplado. Contestação que é saudável para uma democracia desde que todos aceitem o resultado adotado e cumpram as leis elaboradas. A oposição, formada por aqueles que discordam das decisões efetuadas, tem o direito e o dever de ser vigilante na implementação das políticas públicas. Mais efetiva será a Democracia cuja vigilância seja considerada dever cívico, realizada por cada cidadão para melhor resguardo da coisa pública, pois como advertiu Maquiavel, os homens podem facilmente se corromper pelo forte apelo produzido pelas paixões, devendo ter a certeza de que não podem errar impunemente.[80]

Uma sociedade estruturada sob o diálogo e a convivência pacífica entre seus mais diversos cidadãos é incompatível com disposições normativas que tenham origem metadogmática ou sejam colocadas como dado *a priori*. Cabe à população, de forma livre, escolher as normas que regulamentarão a sociedade, independente de seu nível ser constitucional ou infraconstitucional.[81] Uma democracia verdadeira colide com normas ou da-

---

[80] MAQUIAVEL, Nicolau. *Comentários sobre a primeira década de Tito Lívio*. 4.ed. Trad. Sérgio Bath. Brasília: UnB, 2000, p. 139.
[81] SPITZ, Jean-Fabien. "La moderna repubblica: Mito o reltà? In: *Libertà política e virtù civile. Significati e percorsi del Repubblicanesimo clássico*. Torino: Fondazione Giovanni Agnelli. 2004, p. 288.

dos que são impostos à população sem seu consentimento. Inclusive a Carta Magna pode ser modificada, obedecidos os requisitos legais para sua reformulação inexistem empecilhos para sua alteração ou até mesmo para a criação de um novo texto constitucional.

A teoria dos freios e contrapesos, *checks and balances*, ocupa lugar importante na organização política vislumbrada. Onde houver concentração de poder haverá perigo constante às liberdades da sociedade e ao regime democrático.[82] A separação dos poderes, ao determinar atribuições estatais a diferentes estruturas do aparelho governamental, além de melhorar a eficácia das atividades do Estado, impede a concentração de poder, que é o pórtico para a afronta sistemática dos direitos da população.

Uma forma de governo republicana apenas pode se desenvolver se seus órgãos governamentais forem limitados, em que cada Poder possa controlar o outro, em que as leis sejam respeitadas sem o risco de romper-se pelo desidério arbitrário de alguém. A teoria dos freios e dos contrapesos é fruto do Movimento Constitucionalista do século XVIII, com o escopo primordial de impedir o retorno ao Absolutismo e garantir a construção de uma democracia plena.

---

[82] "Quando em uma mesma pessoa ou em um mesmo corpo de magistratura o Poder Legislativo é unido ao Poder Executivo, não pode haver liberdade porque se pode temer que o mesmo rei, ou o mesmo senado, faça leis arbitrárias para segui-las arbitrariamente. Também não existe liberdade se o Poder Judiciário não é separado do Poder Legislativo e do Poder Executivo. Se fosse concentrado com o Poder Legislativo, o poder sobre a vida e a liberdade dos cidadãos seria arbitrário: de fato os juízes tornar-se-iam legisladores. Se fosse concentrado como o Poder Executivo, os juízes teriam força de um opressor. Tudo estaria perdido se o homem ou o mesmo corpo de magistratura, ou de nobres, ou o povo, exercitassem esses três poderes: o de fazer leis, o de executar as decisões públicas e o de julgar os delitos e as controvérsias privadas". MONTESQUIEU, Charles-Louis de Secondat de. *Lo spirito delle leggi*. Trad. Beatrice Boffito Serra. 5 ed., V. I. Milano: Universale Rizzoli. 1999, p. 310.

11. Finalidade da República: o autogoverno dos cidadãos

A finalidade da República é garantir a liberdade, e ela pode ser melhor protegida pelo autogoverno dos cidadãos, *self-government*, possibilitando ao Estado realizar o bem-comum da população. Somente quando todos participarem das decisões políticas é que se pode assegurar o livre-arbítrio e a autodeterminação. Uma sociedade em que o povo não participa das escolhas efetuadas pelos órgãos estatais não pode garantir os direitos de seus membros e, portanto, é uma sociedade onde imperam a dominação, o arbítrio e o medo.[83]

O autogoverno requer que todo cidadão tenha o mesmo direito de intervir nos negócios políticos da sociedade, sem distinção de classe social, grau intelectual ou preferência política. Quanto maior for o nível de participação política nos procedimentos democráticos, maior será seu grau de legitimidade e maior será o nível de eficácia das estruturas normativas. As restrições ao processo democrático apenas podem ser estabelecidas por lei e com a finalidade de robustecer o autogoverno.

O fator que motiva a população a participar do autogoverno, além de essa atividade ser considerada obrigação, é que seu futuro será decidido nas escolhas

---

[83] Não há democracia sem participação. De sorte que a participação aponta para as forças sociais que vitalizam a democracia e lhe assinam o grau de eficácia e legitimidade no quadro social das relações de poder, bem como a extensão e abrangência desse fenômeno político numa sociedade repartida em classes ou em distintas esferas e categorias de interesses. BONAVIDES, Paulo. *Teoria constitucional da democracia participativa*. São Paulo: Malheiros, 2001, p. 51.

dos órgãos públicos. A omissão de segmentos sociais pode propiciar que uma lei que não seja do seu agrado possa ser aprovada e tenha que ser cumprida. A obrigação de acatar o conteúdo designado nas leis não admite exceções e se essa obrigatoriedade for arrefecida, o governo republicano passará a correr sério risco.

A forma de organização política defendida destoa daquela em que cada membro da sociedade é governado apenas por sua própria consciência, em um verdadeiro autogoverno direto, através de produção autônoma das leis, livre das determinações estatais. Caso existisse tal tipo de sociedade, ela seria anárquica, pois faltariam padrões normativos gerais para garantir um mínimo de funcionamento. O autogoverno acalentado sustenta-se na participação ativa dos cidadãos nas decisões políticas, em um processo legislativo que conte com a atuação e a legitimação da ampla maioria da população. Ele obedece a regras minudentes, definindo o modo como a população participará das decisões e indicando os órgãos que servirão de condutores para a feitura do processo.

O *self-government* para os republicanos não é um fim em si mesmo, pois apresenta natureza instrumental. Sua finalidade conecta-se com o fator teleológico do Neo-Republicanismo que consiste em estruturar a sociedade com base nos princípios da virtude civil, promovendo a cidadania ativa como forma de assegurar a liberdade dos cidadãos e evitar o arbítrio.

Para a teoria republicana, a mitigação na extensão do livre arbítrio operada pelos dispositivos legais não representa um acinte à liberdade, pelo contrário, configura-se em uma salvaguarda à sua concretização. As leis traçam obrigações e impõem condutas no sentido de preservar a harmonia social e garantir os direitos individuais e coletivos. Elas são fruto da vontade popular, feitas com a participação de todos, com a finalidade de assegurar os interesses sociais, significando um dos instrumentos de construção da liberdade republicana. Elas seriam despóticas se fossem feitas por poucos para atender ao interesse de alguns, trazendo em seu conteúdo critérios injustos para a maioria da população.

O simples apego ao princípio da legalidade não pode garantir o autogoverno planteado pela República. As leis têm que ser construídas pela participação ativa do povo, de cada cidadão, do mais humilde ao mais rico, gozando dos mesmos meios para influenciar os pleitos eleitorais. O regime democrático tem que ser a cada dia mais direto, a partir da implantação de efetivo Estado de bem-estar social, da difusão das virtudes públicas e da instituição de instrumentos da Democracia participativa, como o *recall*, o defensor do povo, o plebiscito etc.

Como o *self-government* é primordial para garantir a liberdade, e, considerando que a maior obrigação se configura na participação nos negócios políticos da coletividade, pode o Estado impor o dever de que cada cidadão participe das decisões estatais, sob pena de receber uma sanção. Não se configura uma espécie de cerceamento da liberdade, um arbítrio por parte dos entes governamentais, porque é a participação ativa que garante a liberdade e impede a existência de qualquer espécie de domínio.

O autogoverno dos cidadãos, que enseja a participação da população na determinação das atividades estatais, desempenha ainda uma função educativa. A atuação no processo de escolha das linhas que orientarão a atividade dos entes governamentais é extremamente rica, os debates realizados permitem aprendizado constante, inclusive com os erros cometidos. O aumento no nível de educação facilita o desenvolvimento das virtudes cívicas e torna as atividades estatais mais eficazes. As mais recentes teorias defendem que, quando é democratizado o acesso do povo aos cargos públicos e ele colabora na determinação das medidas governamentais, forma-se um ciclo virtuoso de expansão do nível educacional, em que a coletividade se sente responsável pelos atos políticos tomados.[84] O processo educativo

---

[84] OLDFIELD, Adrian. *Citizenship and community. Civil Republicanism and the modern world*. London: Routledge, 1990, p. 155.

ultrapassa os limites da cidadania, solidificando a própria cultura social.

Defende Montesquieu que o governo republicano necessita da força da educação porque a virtude política é sempre renúncia e para isso os cidadãos têm que estar preparados. Enquanto nas monarquias a honra é o elemento de agregação social e nos Estados despóticos tal elemento se configura no medo que nasce das ameaças e punições, na República esse elemento agregador são as virtudes públicas, protegidas pelo autogoverno popular e incentivadas pela elevação do nível de educação da sociedade.[85]

Os Neo-Republicanos ultrapassaram aquela velha teoria, dentre outros, defendida por Rousseau e Montesquieu, de que o autogoverno apenas seria possível em um pequeno Estado, em que o povo fosse fácil de reunir-se e no qual cada um conhecesse os demais.[86] Defendem que o *self-government*, uma das características essenciais da República, pode ser implantado em uma organização política independente de suas dimensões territoriais. Devido ao avanço dos meios tecnológicos, o mundo tornou-se uma verdadeira "aldeia global", o que enseja intenso fluxo de informações, de pessoas, de comércio etc. Os impedimentos à implantação de um autogoverno são mais de natureza sociopolítico-econômica do que geográficas.

Maior mobilização da população contribui para uma intensificação de seu senso de cidadania ativa, em que cada membro da sociedade se configura como partícipe na elaboração das diretivas governamentais e como elemento do poder social. A cidadania consiste nas mais variadas formas de manifestação dos direitos políticos individuais, que apenas podem ser desenvolvidas de forma ampla em um Estado Democrático Social de

---

[85] MONTESQUIEU, Charles-Louis de Secondat de. *Lo spirito delle leggi*. Trad. Beatrice Boffito Serra. 5 ed., V. I. Milano: Universale Rizzoli. 1999, p. 181.
[86] ROUSSEAU, Jean Jacques. *O contrato social*. 5 ed. Trad. Antônio de P. Machado. São Paulo: Brasil Editora, 1958, p. 81. MONTESQUIEU, Charles-Louis de Secondat de. *Lo spirito delle leggi*. Trad. Beatrice Boffito Serra. 5 ed. V. I. Milano: Universale Rizzoli. 1999, p. 275.

Direito, seja através dos mecanismos constitucionais de aferição popular, seja por intermédio da participação da sociedade civil. A cidadania ativa forma com o autogoverno uma relação bilateral, ao mesmo tempo que o exercício da cidadania ativa é requisito para o autogoverno, este desempenha função de propulsor para aquele.

O dínamo do regime democrático consiste na intensa participação política dos cidadãos nos negócios da *polis*. Por sua vez, o aprimoramento do regime democrático reforça o sentimento de que os homens são essencialmente animais políticos, sentindo-se vinculados à coletividade. Esse sentimento de pertinência a uma sociedade se constrói pela participação ativa no espaço público onde as diretrizes estatais são formuladas. Os cidadãos, ao formularem as atividades estatais, se sentem co-responsáveis pelas opções adotadas e vinculados ao destino escolhido. O espaço público torna-se *locus* em que reafirmam suas prerrogativas em igualdade de condições e compartilham do mesmo sentimento de aderência social.

Esse redimensionamento dos valores da cidadania ativa, em sincronia com as inovações provocadas pelo processo de globalização, seguramente contribuirão para a formação de uma "cidadania global", onde o núcleo valorativo da forma de governo republicana servirá para balizar as formas de organização política em escala planetária. Um mundo em que a distância entre os homens diminuirá e aumentarão seus pontos convergentes.

A adoção da cidadania ativa reflete a concepção de que os cidadãos têm obrigação de orientar seus esforços para a construção de intensa atividade política – *vita ativa* – em contraposição ao ideal de existência postulado por algumas correntes filosóficas que pregam a contemplação, em que a busca pelo conhecimento – *vita contemplativa* – tem maior relevo para a sociedade. O desenvolvimento dos valores apanágios do *vivere civile* somente pode ser alcançado com a opção pela *vita ativa*, pelo trabalho diuturno em prol da cidadania. Uma existência contemplativa pode se adequar com uma organização política autoritária, enquanto uma vida ativa, dedicada aos valores da cidadania e aos temas cívicos, jamais poderá suportar tal forma de conduta, facilitando a implantação do *self-government* popular.[87]

O autogoverno dos cidadãos como essência da organização política se configura na única alternativa à privatização dos espaços públicos e da própria República. Mostra-se ainda como antídoto contra a despolitização da vida social, fazendo com que as escolhas efetivadas sejam tomadas no espaço público, retornando os cidadãos ao papel de protagonista do regime democrático de governo.

---

[87] AMADEO, Javier & MORRESI, Sergio. *Republicanismo y marxismo*. Disponível em: http://168.96.200.17/ar/livros/teoria3/amadeo.pdf. Acesso em: 08/06/2004.

12. O Republicanismo e o princípio da liberdade

A relação entre o Republicanismo e o princípio da liberdade é intrínseca, não podendo aquele ser concebido sem este. Historicamente, de modo geral, a liberdade foi melhor assegurada pela forma republicana de governo, havendo vasto manancial de dados empíricos que comprovam essa conexão.[88] Pode-se dizer que a luta pela concretização do princípio da liberdade esteve presente em todas as sociedades existentes, mudando apenas seu enfoque, como por exemplo dos escravos contra seus senhores, dos camponeses contra a nobreza feudal, do proletariado contra a burguesia etc.

Segundo Luigi Palma, a multiplicidade conceitual da palavra liberdade não se deve apenas à ignorância acerca de seu significado ou de sua utilização deliberada para o atendimento de interesses os mais variados.[89] A multiplicidade conceitual deve ser creditada também ao progressivo desenvolvimento de sua substância ao longo do tempo, atingindo um de seus apogeus durante a Revolução Francesa. A discussão acerca da natureza do direito à liberdade pode ser encontrada nas mais diversas matrizes filosóficas.[90]

---

[88] ARMITAGE, David. "Empire and liberty: A republican dilemma". In: *Republicanism. A shared european heritage*. Vol. II. Cambridge: Cambridge University Press, 2002, p. 29.
[89] PALMA, Luigi. *Corso di diritto costituzionale*. Roma: Giuseppe Pellas, 1883, p. 161.
[90] Bobbio robustece a tese: "A palavra liberdade tem uma notável conotação laudatória. Por esta razão tem sido usada para acobertar qualquer tipo de ação política ou instituição considerada como portadora de algum valor, desde a obediência ao direito natural ou positivo até a prosperidade econômica. Os escritos políticos raramente oferecem definições explícitas de liber-

Para Montesquieu, a liberdade é o direito de fazer tudo o que as leis permitem. Se um cidadão pudesse afrontar as leis, não haveria liberdade porque os demais cidadãos teriam igualmente esse poder.[91] Robert Alexy define o direito à liberdade como extensão do desenvolvimento da personalidade.[92]

O ápice da liberdade para o Republicanismo clássico é a liberdade política, consistente no dever de influir nos destinos políticos da *polis*. Os romanos entendiam a liberdade no sentido de não haver subordinação a uma vontade autoritária, e os cidadãos, de forma isonômica, pudessem influenciar as decisões políticas tomadas. A liberdade era expressa na participação ativa do cidadão na vida política do Estado.[93] Esclarece Cass Sunstein a respeito do conceito: "O Republicanismo clássico interpreta a política como um sistema que amplia a participação pública no processo governamental. Devidamente interpretada, a política não era um processo em que o povo intenta satisfazer as suas volúpias de consumo. Em câmbio, a seleção de valores era objeto do processo. A virtude cívica, compreendida como a dedicação ao bem público e não como busca do interesse privado, devia ser o princípio motor da participação política".[94]

Os cidadãos romanos eram livres enquanto podiam escolher o seu destino e colaborar nas decisões políticas tomadas. A participação da população representava o *status libertatis* e era pautada com a finalidade de influenciar as escolhas dos entes governamentais.[95]

---

dade em termos descritivos; todavia, em muitos casos é possível inferir definições descritivas do conceito". BOBBIO, Noberto, MATTEUCCI, Nicola e PASQUINO, Gianfranco. *Dicionário de política*. 11 ed., V. 2. Brasília: Universidade de Brasília, 1998, p. 708.

[91] MONSTESQUIEU, Charles de Secondat. *O espírito das leis*. São Paulo: Saraiva, 1987, p. 163.

[92] ALEXY, Robert. *Teoria de los derechos fundamentales*. Madrid: Centro de Estúdios Constitucionales. 1997, p. 349.

[93] VALERA, Gabriella. "Il Repubblicanesimo di área kantiana e il linguaggio giuridico-costituzionale tedesco". In: *Materiali per una storia della cultura giuridica*. Ano XXX, N. 1, junho. Bologna: Il Mulino, 2000, p. 69, p. 31-71.

[94] SUNSTEIN, Cass R. "Constituciones y democracias: Epílogo". In: *Constitucionalismo y democracia*. México: Fondo de Cultura Econômica, 2001, p. 344.

[95] RANIOLO, Francesco. *La participazione política*. Bologna: Mulino, 2002, p. 32-35.

A liberdade dos antigos era marcada pela participação dos cidadãos nos negócios políticos, enquanto a liberdade dos modernos, mesmo compreendidos os seus prismas positivo e negativo, que abrangem direitos de primeira e segunda dimensão, é marcada pela inatividade dos cidadãos com relação às escolhas efetuadas pelos entes estatais. A liberdade dos antigos é recuperada pelos direitos de quarta dimensão, que são inerentes à construção de uma democracia participativa, que exige efetiva atuação política dos cidadãos. Todavia, não pode ser esquecido que o conceito de liberdade dos antigos era restrito porque englobava somente os homens e aqueles que tivessem propriedade, o que não acontece com o conceito republicano que é muito mais amplo, por abranger a totalidade da população que seja apta a exercer sua cidadania.

O Republicanismo configura-se como uma garantia contra qualquer tipo de dominação, contrapondo-se às formas de subserviência implícitas e explícitas existentes na sociedade. Entretanto, tal finalidade foi relegada, a partir do século XVIII, pela definição de liberdade no sentido negativo imposta pelo Liberalismo.[96] Para o Liberalismo, o conceito de liberdade direciona-se principalmente contra o Estado ou a "tirania das maiorias", consistindo em uma seara de atuação individual em que as ações e condutas podem ser tomadas sem nenhum tipo de restrição.[97]

---

[96] MARTINS, António Manuel. *Republicanismo y libertad*. Disponível em: http://saavedrafajardo.um.es/WEB/archivos/respublica/numeros/9-10do cumento4.pdf. Acesso em: 08/06/2004.

[97] "Ouvem-se em toda parte queixas apresentadas por nossos mais dignos e virtuosos cidadãos, igualmente defensores da fé pública e privada e da liberdade pessoal e coletiva, julgando nossos governos por demais instáveis, o bem público ignorado nos conflitos entre partidos rivais e as providências muitas vezes decididas, não de acordo com as normas da justiça e os direitos do partido minoritário, mas pela força avassaladora de uma maioria arrogante e interesseira. Por mais ansiosamente que possamos desejar que tais queixas sejam infundadas, a evidência de fatos conhecidos não nos permitirá negar que elas são em grande parte procedentes". HAMÍLTON, Alexander; MADISON, James; JAY, John. *O federalista*. Campinas: Russel, 2003, p. 77.

A liberdade, segundo a concepção clássica adotada, divide-se em positiva e negativa.[98] A liberdade negativa, que foi apropriada pela doutrina liberal, reside na ausência de interferência à ação individual, protegendo o cidadão de ter sua conduta ou patrimônio turbado pela vontade de um ente público ou privado. Enquanto a liberdade positiva pode ser definida como o direito que cada cidadão tem de direcionar sua vida de acordo com seus interesses, com autonomia e autodeterminação, tornando-se patrão de sua própria existência. A primeira é uma concepção de liberdade que protege o indivíduo contra a interferência de alguém, e a segunda indica uma concepção de liberdade que assegura a realização de determinada decisão tomada.

Para os Neo-Romanos ela não é restrita como a concepção liberal, que se resume a uma liberdade negativa, consistindo em uma abstenção por parte dos entes estatais da prática de um ato que estorve as prerrogativas do indivíduo. Da mesma forma, não pode ser classificada como liberdade positiva, em que os membros da sociedade podem governar sua vida de acordo com seu arbítrio absoluto. Ela é mais abrangente porque se configura como proteção contra qualquer tipo de coerção que não seja respaldada pelo princípio da legalidade, legalidade que conte com a participação ativa dos cidadãos na formulação das leis. Ou seja, ela supera a dicotomia entre liberdade positiva e negativa para englobar os dois aspectos e ultrapassá-los, com o fator teleológico de que o cidadão não tenha sua liberdade cerceada por ato arbitrário praticado por entes estatais ou praticado por órgão ou instituição privada.

Ela foge do padrão tomista, em que o indivíduo pode tomar todas as deliberações de acordo com sua vontade. Em uma sociedade pluralista, nenhum valor pode ser considerado absoluto, muito menos quando essa liberdade pode ser prerrogativa para que os mais fortes possam oprimir os mais fracos. Sua maior desen-

---

[98] Neste sentido, ver: BERLIN, Isaiah. "Two concepts of liberty". In: *Four essays on liberty*. Oxford: Oxford University Press, 1969.

voltura se refere à participação política dos cidadãos, consistindo no direito de auxiliar na feitura das leis que regerão sua conduta.

Philip Petit sustenta que a liberdade republicana tem sua classificação enquadrada como um *tertium genus*, fora dos padrões positivo ou negativo. Ele a classifica como ausência de domínio, excluindo de sua conceituação a ausência de interferência porque, segundo o mencionado autor, a liberdade como não-interferência só se preocupa com as ingerências consubstancializadas, esquecendo-se daquelas que são potenciais, em que o cidadão fica à mercê do arbítrio de outrem.

Expõe Petit sua definição de liberdade: "É minha convicção que a distinção entre a liberdade negativa e a liberdade positiva prestou um péssimo serviço a reflexão política. Ela alimentou a ilusão filosófica que, detalhes à parte, são somente dois os modos de conceber a liberdade: em um caso se afirma que a liberdade consiste em uma ausência de obstáculos externos a escolha individual; no outro se exige a presença e freqüentemente o exercício daqueles recursos que favoreçam o senhorio e a sua realização – em particular a presença e o exercício daqueles recursos de participação e voto graças a qual o indivíduo pode unir-se aos outros na formação de uma vontade popular comum".[99]

Partindo de visão oposta, Quentin Skinner defende que a liberdade republicana compreende tanto a ausência de dominação quanto a ausência de interferência, discordando de que o significado do impedimento à dominação pode ser mais amplo que o impedimento à interferência. Segundo ele, o domínio e a interferência se diferenciam, e o primeiro não abrange todos os atos arbitrários, sendo de melhor alvitre a diferenciação mencionada como forma de melhor resguardar a cidadania.[100]

---

[99] PETTIT, Philip. *Il Repubblicanesimo. Una teoria della libertà e del governo.* Trad. Paolo Costa. Milano: Feltrinelli, 2000, p. 29.
[100] SKINNER, Quentin. *Liberty before liberalism.* Cambridge: Cambridge University Press, 1988, p. 84.

As críticas contra a concepção liberal de liberdade, no sentido negativo, são motivadas devido a seu aspecto formal, em que a inexistência de restrições por parte do Estado pode acarretar um incremento na intensidade da dominação por parte dos entes privados. A oposição à definição de liberdade em seu aspecto positivo reside no fato de que, a despeito das prestações de natureza social, pode haver dominação sobre os cidadãos, como por exemplo, por parte de grupos transnacionais. A liberdade republicana é entendida como absoluta ausência de vinculação autoritária, seja pública seja privada.

Existe liame muito forte entre a concepção de liberdade dos republicanos e o sentido adotado pelos regimes democráticos. Ao contrário do Liberalismo, que nutre certa aversão pelas disposições normativas que podem mitigar a esfera de atuação individual, elas sustentam que as leis, desde que elaboradas por procedimentos democráticos, são o instrumento adequado para regulamentar as relações sociais e até mesmo para restringir as liberdades individuais, sem que haja acinte ao princípio que veda qualquer tipo de dominação.[101]

A diferença é que os republicanos, ao contrário dos democratas, sustentam que somente leis que sejam feitas por um processo efetivamente democrático, que contemple a maioria dos anseios sociais, excluindo os interesses individuais, exercendo os cidadãos sua cidadania ativa, pode servir como pilar para a construção da liberdade.

O Estado é o órgão que deve velar pelo desenvolvimento da liberdade e promovê-la, impedindo que esse trabalho possa ser desempenhado por entes privados não-adstritos ao império da lei, que podem intentar a consecução de interesses próprios. Sua função é potencializar o princípio da liberdade para toda a população, independentemente da condição econômica, social, cultural etc. Claro que podem existir órgãos de natureza privada, como organizações não-governamentais ou fundações, que tenham como finalidade institucional a

---

[101] VIROLI, Maurizio. *Repubblicanesimo*. Bari: Laterza. 1999, p. 26-27.

defesa da liberdade, conceituada como a inexistência de domínio, mas o desempenho de tal tarefa não pode ser afastado dos órgãos estatais que dispõem das melhores condições para sua implementação.

Considera-se respaldada maior atuação dos entes estatais, independente do sistema econômico vigente, quando essa maior abrangência tiver o escopo de obstacular o surgimento de relações embasadas no autoritarismo. Mesmo em um Estado Liberal, pleiteia o Republicanismo maior intervenção estatal para suprimir a arbitrariedade, já que nenhuma forma de Estado pode atingir seus objetivos enquanto o princípio de liberdade não encontrar guarida. Por exemplo, os Neo-Republicanos advogam que o Estado tem obrigação de promover a independência socioeconômica dos cidadãos para protegê-los da privação da liberdade consistente na exploração de sua força de trabalho ou do sub-emprego.

A intervenção do Estado defendida tem atuação incisiva em muitas das searas sociais, assumindo responsabilidades para a concretização dos ideais almejados pelo Republicanismo. Contudo, essa atividade mais intensa dos órgãos estatais não pode ser entendida como uma espécie de domínio; o limite para a intervenção estatal é a proteção da liberdade dos cidadãos, que, por hipótese alguma, pode ser maculada. A atuação dos órgãos estatais deve respeitar a independência pessoal, que pode ser mitigada apenas se for para salvaguardar o interesse coletivo.

A garantia de que as atividades desenvolvidas pelo Estado respeitarão a liberdade da população, evitando a prática de arbitrariedades, é que sua atuação se pauta pelo princípio da legalidade, que exerce a mesma força coercitiva apresentada nas relações privadas. Caso esse limite seja ultrapassado, cabe aos freios e contrapesos existentes mitigar o excesso ou, dependendo da gravidade do ato, declarar o crime de responsabilidade por parte da autoridade que a realizou.

Pelo que foi exposto, o conceito republicano de liberdade ultrapassa a tradicional dicotomia estabelecida, com a finalidade de impedir a existência de traços de dominação nas relações sociais, englobando as esferas públicas e privadas. Contudo, para que os cidadãos possam exercer na plenitude seu direito à liberdade, necessita-se assegurar a todos condições materiais mínimas, porque sem elas o exercício dessa prerrogativa se torna inócua em razão da existência de obstáculos que a carência material não permite ultrapassar.

13. O conceito de igualdade para os republicanos

O sentimento isonômico reflete-se, de forma nítida, na proclamação de Independência dos Estados Unidos, em 1776, na Convenção da Virgínia, que em determinado trecho do seu brado de autodeterminação assevera: "Cremos que as seguintes verdades são por si evidentes: Todos os homens nascem iguais, que o criador fez os homens dotados de determinados direitos inalienáveis, dentre estes o direito à vida, à liberdade e à busca da felicidade".[102]

O princípio da igualdade para os republicanos, para ser aplicável às sociedades plurais, deve agasalhar seu sentido material, ultrapassando os limites formais, que se contenta com a isonomia restrita aos dispositivos normativos. Ele concede a cada um dos membros da comunidade prerrogativas pertinentes a um mínimo de condições sociais, econômicas, culturais para que se possa viver com dignidade e participar de forma livre da vida política. O cidadão tem liberdade para escolher seu destino, mas essa assertiva para se tornar realidade exige que a sociedade garanta condições básicas de saúde, educação, emprego, cultura para que ele possa efetivamente guiar sua conduta na consecução de seus objetivos.

De maneira alguma os republicanos defendem uma sociedade onde todos têm as mesmas condições socioeconômico-culturais independente de seus méritos. De-

---
[102] Declaração de Independência dos Estados Unidos da América, de 4 julho de 1776.

terminada dose de desigualdade sempre existiu e vai existir nas coletividades, desde que seja amparada no mérito pessoal. O que se busca extirpar é um nível de desigualdade que impeça as pessoas de exercerem sua cidadania e de serem livres. A igualdade dos cidadãos garante que aqueles mais aptos a exercerem os cargos públicos possam ocupá-los.

Os republicanos reconhecem que os homens são diferentes em caráter, personalidade, habilidade etc., e é benéfico que assim o seja. Para eles, a igualdade se configura no requisito que permite a todos participarem do processo político com igual potencialidade de atuação. Destarte, conclui-se que se foge do conceito de igualdade em que os cidadãos ocupam o mesmo lugar na hierarquia social, restringindo seu alcance à participação ativa nos negócios políticos. De sólito, os comandos normativos não podem ser responsáveis pela criação de diferenciações legais, a não ser que essas distinções estejam amparadas pela realidade fática ou pelo mérito próprio do cidadão, como a capacidade e o esforço de cada um.

O princípio isonômico condena as gritantes desigualdades sociais que excluem do convívio coletivo parcelas consideráveis da população. O Estado tem obrigação de intervir para evitar que a desigualdade se alastre na sociedade, inclusive com a adoção de medidas de restrição ao capital privado e com imposição de normas programáticas para o atendimento das necessidades dos hipossuficientes.

A desigualdade econômica, em proporções elevadas, é considerada uma forma de dominação e por isso tem de ser evitada. Quando existe uma assimetria muito grande entre os cidadãos, abre-se possibilidade para a subordinação do mais fraco ao mais forte. Um alto nível de desigualdade também estorva a participação do povo nas decisões políticas. Como pode haver real processo democrático se poucos podem interferir na vida da maioria?

O desrespeito ao princípio da isonomia não pode ser um fator de exclusão social. As pessoas consideradas pobres não podem ser relegadas do processo democrático nem da possibilidade de exercer cargo público. Todos têm direito à dignidade e esta apenas pode ser efetivada se houver um mínimo de direitos assegurados de forma geral e indistinta.

A República reforça o princípio da igualdade porque é antagônica à estratificação hierárquica da sociedade. Ao admitir que a posição social dos cidadãos é determinada por seu nascimento, imediatamente, estiola-se com a isonomia, haja vista que as diferenciações não mais serão ensejadas pelo mérito de cada um, mas por critérios que são pré-estabelecidos. A liberdade também é machucada porque cerceia-se do cidadão a possibilidade de que ele, por meio de seus esforços, possa ascender na escala social.

A busca por um ideal de igualdade material faz com se reneguem as concepções procedimentalistas do Neo-Republicanismo, que sustentam que a isonomia refere-se apenas à participação nas instâncias democráticas, evitando a elaboração de políticas públicas que intervenham na economia porque as considera perniciosas à liberdade. A igualdade material é fundamental porque, em sociedades plurais, onde os vínculos sociais são tênues, inexistindo proximidades culturais, religiosas, econômicas, se o princípio isonômico não servir para atenuar essas desequiparações, o incentivo ao desenvolvimento das virtudes cívicas será tarefa inócua. Ou se estabelece como objetivo fundamental a redução da desigualdade econômica ou as diferenças que pululam em todos os setores sociais inviabilizarão a convivência coletiva sob um núcleo valorativo comum.[103]

---

[103] "Portanto, e é esta a nossa primeira conclusão, os republicanos analisam as crescentes desigualdades e diversidades de *status* que ocorrem entre os indivíduos e as associações, considerando isto um fenômeno muito inquietante para o futuro da liberdade porque as várias formas de dominação que derivam destas diferenças constituem uma ameaça tanto quanto as que seriam acarretadas por efetivas intromissões. Esta é a razão pela qual devemos afirmar que qualquer tipo de igualdade é analiticamente intrínseca no mesmo conceito de liberdade. A desigualdade implica no domínio, mesmo onde os direitos são iguais sob um plano teórico e o domínio é a antítese da verdadeira liberdade". SPITZ, Jean-Fabien. "La moderna repubblica: mito o reltà ? In: *libertà política e virtù civile. Significati e percorsi del Repubblicanesimo clássico*. Torino: Fondazione Giovanni Agnelli. 2004, p. 290.

Como foi mencionado antes, não se busca realizar uma homogeneização da sociedade, uma padronização forçada, em setores, por exemplo, como cultura e religião. A diversidade representa fator de dinamismo das relações existentes na sociedade, obviamente se houver respeito e diálogo entre todos. O que se postula são políticas públicas que ajudem a reduzir o desnível econômico entre as classes sociais, haja vista que um determinado padrão econômico comum inibe os radicalismos e fortalece o sentimento de pertinência social.

Reflexo do princípio da isonomia é que o Estado tem a missão de proporcionar igualdade de oportunidades para a totalidade da população. A oportunidade que mais interessa aos republicanos não é tanto a referente à ascensão social, mas a pertinente a participar de maneira ativa na organização da *polis*. Para tanto, a definição de seu conceito tem que ser ampla, de forma a abranger os direitos que são apanágio do Estado de bem-estar social.

O conceito isonômico se configura em um requisito primordial na efetivação da justiça, bem comum que deve orientar todas as condutas da organização política. Uma sociedade que não seja organizada sob o primado da justiça falece de condições de garantir a seus cidadãos o gozo pleno da liberdade. A igualdade material e formal é requisito imprescindível para a concretização da justiça porque a regulamentação paritária das relações sociais propicia condições para que cada cidadão possa conquistar seus objetivos e possa participar de forma livre do autogoverno republicano.

Os republicanos utilizam o conceito de justiça atrelado à concepção de liberdade, contextualizada, como a inexistência de domínio. Justa é uma sociedade que está livre de dominação, em que a população possui liberdade para participar da Democracia e recusar o cumprimento de ordens que destoam dos parâmetros legais. O princípio da justiça se configura de tamanha magnitude que pode até mesmo ser levantado contra dispositivos normativos que o afrontem, pois, como afirma Tocqueville, a justiça é o limite para o direito de cada povo.[104]

Para que o princípio isonômico, de forma inversa, não seja propiciador de injustiças, deve ser interpretado juntamente com o princípio da razoabilidade, verificando se os meios justificam os fins.

De forma bastante sintética, o princípio da proporcionalidade pode ser definido como princípio que tem o objetivo de evitar excessos, impedindo a desproporção entre os meios e os fins a serem alcançados.[105] Para tanto, parte-se de três elementos básicos: o objetivo a ser alcançado deve ser condizente com a ordem constitucional e moralmente defensável; os meios escolhidos devem ser adequados para a execução do objeto, proporcionando simetria entre ele e os meios para sua consecução; e a situação fática favorecer o objetivo previsto, ou seja, a realidade e as circunstâncias que cercam o objeto devem justificar sua escolha e os meios de sua execução.

O princípio da igualdade tem sua densidade aumentada se houver sua adequação aos parâmetros da justiça e da razoabilidade. Se houver casos distintos, inexistindo similaridades relevantes, impede-se sua aplicação, principalmente se ele for utilizado para tentar justificar privilégios sem amparo em uma situação de hipossuficiência.

---

[104] "Eu considero vazia e detestável esta máxima: que em matéria de governo a maioria de um povo possui o direito de fazer tudo; todavia considero a vontade da maioria da população como a origem de todos os poderes. Estou talvez com contradição a mim mesmo? Existe uma lei geral que foi feita, ou pelo menos adotada, não apenas pela maioria deste ou daquele povo, mas pela maioria de todos os homens. Esta lei é a justiça. A justiça é logo o limite do direito de cada povo". TOCQUEVILLE, Alexis. *La democracia in America*. Trad. s.t, Milano: Rizzoli, 1999, p. 257.
[105] GUERRA FILHO, Willis Santiago. "Princípio da proporcionalidade e teoria do Direito. In: *Direito constitucional. Estudos em homenagem a Paulo Bonavides*. São Paulo: Malheiros, 2001, p. 277.

14. Relação do Republicanismo com algumas doutrinas políticas

Dentre as muitas doutrinas políticas que proliferam na doutrina nacional e internacional, o Liberalismo e o Comunitarismo foram escolhidos porque possuem numerosas semelhanças com o Republicanismo e não menos pontos divergentes. Ao mesmo tempo que são matrizes para o desenvolvimento de outras correntes de pensamento, elas não possuem pensamento único, dividindo-se em várias tendências; o que não impede seus corifeus de defendê-las ardentemente, colocando-as como alternativa para a solução dos problemas sociais.

O Republicanismo, o Liberalismo e o Comunitarismo são três das mais importantes doutrinas que norteiam o debate político e por isso merecem esse enfoque conjunto.

14.1. O Republicanismo e o Liberalismo

Não se pode confundir o Republicanismo com o Liberalismo, apesar de este ser uma derivação daquele. Como política econômica, o Liberalismo atingiu seu apogeu no século XIX e início do século XX, até o *crash* da Bolsa de Nova Iorque. Como teoria política, mantém a sua influência em alguns países, como por exemplo, no governo de George Bush. O Republicanismo, que cronologicamente é muito mais velho, não dispõe de vertente econômica bem definida, consistindo em uma forma de governo ou em uma teoria da liberdade. Hoje, o Liberalismo tem nova roupagem, denominando-se Neoliberalismo, com atuação bastante intensa nos países periféricos, o que, infelizmente, contribuiu para agravar os indicadores sociais desses países.

O Liberalismo nasceu como produto do clima intelectual que preponderava à época do Renascimento e da Reforma.[106] A finalidade basilar do Liberalismo é a busca constante da liberdade do indivíduo, principalmente contra qualquer forma de estrutura governamental existente. Como suas características, podemos evocar a autonomia de vontade do indivíduo, o racionalismo, a separação entre o Estado e a religião e a crença no princípio da legalidade como expressão da soberania popular.

Para o Liberalismo, todas as intervenções do Estado na esfera privada dos indivíduos devem ser consideradas excepcionalidades, por isso devem ser limitadas e regulamentadas por lei. Dentro dessa concepção, o que não está proibido está permitido, em decorrência de direitos fundamentais, que são anteriores ao pacto político, de cunho metapositivista.

A principal função de um Estado de Direito é, além da regulamentação da tripartição de poder, a criação de mecanismos para a defesa dos cidadãos frente ao arbítrio dos entes governamentais. Afasta-se de sua competência a proteção e o incentivo de determinados valores compartilhados pela sociedade, sejam as virtudes civis defendidas pelo Republicanismo seja um padrão axiológico compartilhado por todos, como postulam os comunitaristas. O Estado para os liberais tem que ser neutro, sem se importar com virtudes civis ou valores comunitários porque essa é a melhor forma encontrada para garantir a defesa das prerrogativas individuais.

Há relação intrínseca entre o Estado de Direito e o Liberalismo, na medida em que a única intervenção justificada na esfera de liberdade do indivíduo é baseada em lei.[107] Essa foi a solução adotada pelo Liberalismo

---

[106] HALLOWELL, John H. *Il fondamento morale della democracia*. Trad. Marina Sallusti. Milano: Giuffrè, 1995, p. 79.
[107] SLAGSTAD, Rune. "El constitucionalismo liberal y sus críticos: Carl Schmitt y Max Weber. In: *Constitucionalismo y democracia*. Trad. Mónica Utrilla de Neira. México: Fondo de Cultura Económica, 1999, p. 133.

para tratar da questão de como estabelecer a relação entre os cidadãos e os entes governamentais, definindo seus limites. Em conseqüência, as restrições à autonomia individual apenas podem ser realizadas se for com arrimo um dispositivo normativo, fruto de um parlamento eleito pelo povo, baseando-se a conduta dos entes estatais no princípio da legalidade. Ocorrendo uma ação estatal fora dos limites estipulados, concretiza-se um abuso de poder, que deve ser reprimido pelo Poder Judiciário e até mesmo pelos cidadãos através do direito de resistência.

O Liberalismo concebe a sociedade estruturada com base na autonomia individual. Esse tipo de organização política em que cada cidadão possui interesse particular não seria anárquica porque cada membro componente guiaria sua conduta de forma racional, e a esfera de autonomia individual seria limitada pela esfera de liberdade do outro. A consciência individual de cada cidadão, arrimada em um parâmetro objetivo, de natureza racionalista, serviria como instrumento para impedir um caos social.

Não resta a menor dúvida de que o Liberalismo incentiva os direitos individuais em detrimento dos direitos coletivos, predominando a proteção dos cidadãos contra possíveis abusos por parte do Estado, de um ponto de vista negativo. Essa concepção foi esculpida em razão de vários fatores históricos, sobressaindo um em particular: a pequena diversificação social verificada na sociedade norte-americana no século XVIII.

Estando os cidadãos protegidos de arbitrariedades por parte dos entes estatais por intermédio das liberdades negativas, a proteção contra as arbitrariedades privadas pode ser feita sem o auxílio do Estado. Como cada cidadão tem os mesmos direitos, eles podem de forma recíproca fiscalizar a exacerbação em seu uso. Entretanto, os direitos individuais apenas podem ser preservados se a eqüidade social se mantiver em níveis elevados. Sem um mínimo de isonomia entre os cidadãos, a liberdade será para oprimir os hipossuficientes.

Apesar de o Republicanismo ostentar múltiplas conexões com o Liberalismo, eles não são conceitos idênticos, apresentando várias diferenças. O relacionamento do Liberalismo com o Republicanismo nem sempre foi harmônico. Na época da República Romana, não havia restrições às transações comerciais. De maneira diversa, durante a Revolução Francesa, no período Jacobino, o livre comércio era visto como forma de opressão e deveria ser restrito por parte dos órgãos estatais. Já o Republicanismo norte-americano e o inglês são perfeitamente simétricos com o princípio da liberdade individual e da livre iniciativa, fazendo com que esse seja seu alicerce.

Como pontos similares, pode ser apontado que ambos defendem fervorosamente o compromisso com determinados valores, como liberdade de expressão de pensamento, direito à intimidade, direito de liberdade de associação, direito de reunião etc. Indubitavelmente, o liame que compartilham essas duas doutrinas do pensamento político é a defesa ardorosa da liberdade dos cidadãos, sendo essa a finalidade precípua do Estado. Claro que não é a mesma concepção de liberdade sustentada por eles, os republicanos alicerçam a liberdade dentro dos interesses da coletividade, enquanto os liberais a baseiam na autonomia individual da vontade; o que não significa óbice para a constatação dessa semelhança.

As zonas de atrito são várias. A idéia de indivíduo para o Republicanismo é de um homem livre, oposto ao conceito de *servus*, inclusive impedindo que seja explorado por outro. O sentido de participação política é orientado por intermédio de um conceito de virtude civil pública, configurada como *standard* de sua atuação. A concepção de direito é isonômica, porque todos os indivíduos têm as mesmas prerrogativas. O cidadão faz parte de uma coletividade, antes de ser concebido apenas como indivíduo. Ele se identifica como membro da sociedade e não como apenas indivíduo.

Já o Liberalismo entende o cidadão primeiro como indivíduo, privilegiando sua autonomia de vontade, de caráter privado, sendo secundária sua participação em uma coletividade. A participação política não é entendida como dever intransponível; caso inexista interesse, pode haver omissão dessa atuação, pois a primazia configura-se na vontade individual. Os cidadãos primeiro se identificam como indivíduos autônomos para depois se identificarem como membros da sociedade.

A concepção de liberdade para os liberais é restrita, enfocando-a apenas como direito negativo, enquanto a concepção republicana a concebe de forma extensiva, como instrumento para se opor contra qualquer forma de dominação ou interferência que restrinja o espaço de autonomia da população. A liberdade para aqueles assume conteúdo formal enquanto para estes ostenta sentido substancial, sem o qual seria despicienda para garantir a autonomia dos cidadãos. Para os primeiros, existe um núcleo de autonomia que está fora do alcance de todo tipo de intromissão enquanto, para os segundos, mesmo esse núcleo indevassável pode ser restrito através de comandos normativos.

Outra diferença é que os direitos subjetivos, para o Liberalismo, são concebidos de forma absoluta, enquanto, para o Republicanismo, são reconhecidos como necessidade da sociedade, podendo ser limitados. Para os primeiros, a possibilidade de escolha que caracteriza os direitos subjetivos, interpretados de forma positiva, transforma-se no paradigma para todos as prerrogativas em geral, refletindo sua disponibilidade de acordo com a vontade do cidadão, impedindo que o Estado possa obstacular o seu gozo. Para os segundos, os direitos individuais podem ser flexibilizados de acordo com os interesses sociais, sem que seja configurada dominação. Para os republicanos, são relativos porque haurem sua fundamentação em virtude das vontades políticas, enquanto, para os liberais, são absolutos porque decorrem de seara jusnaturalista, anterior ao Estado.

Os direitos sociais, para os liberais, não podem servir para cercear os direitos individuais, como por exemplo, o direito de propriedade. Os direitos de primeira dimensão servem de "bloqueio" para políticas gerais de bem-estar que invadam a esfera privada dos cidadãos. De forma diversa, para os republicanos as políticas gerais de bem-estar é que devem delimitar a extensão dos direitos individuais.

Os direitos individuais, considerados como prerrogativas invioláveis, são utilizados para se contraporem contra a prepotência estatal e a "ditadura da maioria", enquanto os republicanos advogam que a vontade da maioria, em simetria com os interesses da organização política, é que modulam os direitos individuais.

Na interpretação liberal, a política é essencialmente luta por posições mais favoráveis no âmbito dos órgãos governamentais. As decisões políticas são fruto da interação dos atores que atuam na arena política. Para os republicanos, a política orienta-se pela autodeterminação dos cidadãos de forma ampla, mediante processo comunicativo, sem que a busca pelo poder seja fim em si mesmo, mas considerando o processo político um meio para assegurar os interesses de todos.

O Liberalismo faz distinção entre bem público e bem privado, que não existia no período medieval, ao contrário do Republicanismo, que não faz tal distinção em razão de que a construção da *res publica* exige que o Estado intervenha nos interesses individuais e até mesmo promova as virtudes cívicas. Os interesses da organização social modulam a extensão dos direitos individuais, e a dicotomia público versus privado é arrefecida diante da preponderância do interesse coletivo. A seara privada tem sua dimensão estruturada em consonância com os interesses da organização social e em razão desses interesses sofrem limitações.[108]

---

[108] "Fundamentalmente, o Republicanismo tenciona dissolver qualquer distinção drástica entre o âmbito público e o privado: dado que o principal interesse republicano, por conta da cidadania ativa, comprometida com a saúde política do Estado, resulta justificada, logo, o intento de promover certas qualidades de caráter nos indivíduos. O Liberalismo, pelo contrário,

Defende Maurizio Viroli as vantagens do Republicanismo frente ao Liberalismo: "De um ponto de vista teórico, o Liberalismo pode ser considerado como um Republicanismo empobrecido, ou incoerente, mas não como uma teoria alternativa ao Republicanismo. Se aceitamos a tese de Skinner que os republicanos, diversamente dos liberais, insistem que viver em uma condição de dependência é por si só uma causa e uma forma de cerceamento, necessário se faz concluir que o Republicanismo é um Liberalismo mais radical e coerente que o Liberalismo clássico. Enquanto os liberais postulam que a força ou a coação do medo constituem a única forma de cerceamento que interfere com a liberdade individual, os republicanos querem reduzir o quanto possível o cerceamento que pesa sobre os indivíduos e por esta razão estão dispostos a lutar também contra todas as formas de cerceamento que provenha da dependência".[109]

14.2. O Republicanismo e o Comunitarismo

O Comunitarismo parte da premissa de que há determinados valores cívicos compartilhados por toda a sociedade e que os indivíduos são considerados enquanto seres coletivos, que pertencem a um determinada comunidade. Esses valores são encontrados nas tradições de cada sociedade e foram sendo sedimentados ao longo de várias gerações. Assim, defende a existência de uma concepção comunitária de bem moral, partilhada por todos os elementos da sociedade, que se identificam dentro dessa comunhão.

---

aparece normalmente caracterizado a partir de uma atitude diretamente oposta: a pretensão de distinguir, do modo mais firme possível, as esferas do público e do privado, do político e do pessoal. Para o Liberalismo, os indivíduos preexistem a qualquer organização social, e são mais importantes que os grupos que eles possam pertencer. Como seres independentes e separados entre si, merecem ser protegidos contra qualquer sacrifício que se pretenda impor em nome dos demais. Em tal sentido, o Liberalismo reclama, habitualmente, que o estado não interfira com a moral privada dos indivíduos...." GARGARELLA, Roberto. *El Republicanismo y la filosofia política contemporánea.* Disponível em: http://168.96.200.17/ar/libros/teoria1/gargare.rtf. Acesso em: 14/04/2004.
[109] VIROLI, Maurizio. *Repubblicanesimo.* Bari: Laterza. 1999, p. 48.

O Estado, dentro desse diapasão, ganha a missão de velar pela proteção e pelo incentivo dos valores comuns da coletividade, ao contrário da visão liberal, em que o Estado deve assumir postura neutra, alheia a qualquer filiação comunitária ou cultural. Ao defender os valores pertinentes ao modo de vida da população, os órgãos estatais aumentam a legitimidade de seus comandos normativos, que por sua vez refletem os valores comuns.

Uma forma de Estado imbuída de princípios comunitaristas concentra sua atenção primordial sobre os bens que pertencem à comunidade, relegando aqueles que tenham conotação privatista ou que não possam ser compartilhados pela população. Os bens comunitários representam o anseio de ampla parcela do povo e não podem ser postos à disposição de restritos grupos sociais de modo a excluir o usufruto dos demais.

Exemplo de teoria comunitária é encontrada no trabalho de Ronald Dworkin. Ele compreende que o alicerce da ação coletiva não é sua modalidade individual, mas aquela atribuída à comunidade, que tem autonomia frente aos indivíduos, embasada sobre uma ética da responsabilidade com relação às decisões coletivas em que os cidadãos têm que arcar com o ganho ou a perda decorrentes de sua escolha. Parte do princípio, desenvolvido por Rousseau, da vontade geral para firmar uma comunidade ética, formada pelos juízos valorativos dos indivíduos que obtêm maior consenso na sociedade.[110]

Ele personifica a "comunidade moral de princípios", transformando-a em pessoa moral, fazendo com que possa agir de forma distinta dos cidadãos que a compõem e permitindo que possa escolher o princípio que predomina em determinados casos.

Essa "comunidade moral de princípios" é concebida dentro da integridade do Direito *(integrity)*, considerada como virtude política, decorrente de uma comunhão principiológica decidida pelos cidadãos, den-

---

[110] ROUSSEAU, Jean Jacques. *O contrato social*. 5 ed. Trad. Antônio de P. Machado. São Paulo: Brasil Editora, 1958, p. 119.

sificando a legitimidade auferida pelo sistema jurídico, principalmente pela jurisdição constitucional.[111] Igualmente, a integridade se mostra imprescindível para uma interpretação construtivista das práticas jurídicas, pois oferece melhor condição de dirimir os *hard cases*.[112]

Há bastantes pontos convergentes entre o Republicanismo e o Comunitarismo; o que não elide suas zonas de atrito.

Em relação aos pontos coincidentes, podemos destacar que tanto os comunitários como os republicanos vociferam contra o individualismo, que é uma das marcas do Liberalismo. O cidadão não pode ser considerado ser autônomo na sociedade, sem vínculo como os demais, seus interesses devem ser relegados em prol dos interesses comuns. A prioridade do Estado, para os comunitários e para os republicanos, não são interesses individuais, mas os coletivos.

Os valores inerentes à comunidade moral de princípios facilita a convivência em sociedades multiculturalistas, como as hodiernas, compostas de diversas identidades sociais e culturais, porque, em similitude com o Republicanismo, formam um núcleo social valorativo comum, que apresenta conexão independente da diversidade. Essa identidade coletiva é uma tentativa de se opor ao problema enfrentado pelo fato de que uma sociedade de consumo incentiva condutas individualistas, desprivilegiando os vínculos sociais, fazendo com que o indivíduo se sinta o centro do universo a despeito dos interesses coletivos.

O Comunitarismo como o Republicanismo privilegiam o sentimento de aderência do cidadão à sociedade; antes de serem indivíduos isolados, eles são considera-

---

[111] "Será útil dividir as exigências da integridade em dois outros princípios mais práticos. O primeiro é o princípio da integridade na legislação, que pede aos que criam o direito por legislação que o mantenha coerente quanto aos princípios. O segundo é o princípio de integridade no julgamento: pede aos responsáveis por decidir o que é a lei, que a vejam e façam cumprir como sendo coerente nesse sentido". DWORKIN, Ronald. *O império do direito*. Trad. Jefferson Luiz Camargo. São Paulo: Martins Fontes, 1999, p. 203.

[112] DWORKIN, Ronald. *O império do direito*. Trad. Jefferson Luiz Camargo. São Paulo: Martins Fontes, 1999, p. 260-261.

dos membros de uma coletividade e dentro dessa relação é que formam suas identidades. As duas doutrinas consideram o cidadão membro de uma cadeia social, cujas condutas trazem reflexos para todos, entrelaçando em uma concatenação de causas e efeitos a atitude de cada cidadão, unindo-os a um mesmo destino.

Outra similaridade é que ambas as doutrinas postulam como ponto fundamental a realização de uma "ética de virtudes". Os entes estatais têm a missão de estimular toda a sociedade, e principalmente os representantes políticos, a pautar sua conduta sob determinados valores que são considerados imprescindíveis para o bom funcionamento do sistema político e que possibilitem o autogoverno. Em conseqüência, o Republicanismo e o Comunitarismo admitem que o Estado agasalhe um *standard* axiológico e tente inoculá-los na sociedade, saindo de uma neutralidade valorativa, defendida pelo Liberalismo, invadindo a seara da moral privada, baseada na autonomia da vontade de cada cidadão.

Contudo, não há convergência com relação à extensão do núcleo axiológico da "ética de virtudes" que o Estado tem obrigação de estimular. A concepção moral defendida pelo Republicanismo liga-se umbilicalmente às virtudes necessárias à implementação de autogoverno por parte da população, ela não adentra na seara privada, desde que o comportamento não guarde relação com os órgãos públicos. O que importa são os valores necessários para a implementação de uma cidadania ativa. Por outro lado, o Comunitarismo advoga um núcleo axiológico bem mais vasto, que abarca também a esfera privada dos cidadãos, na amplitude de sua complexidade, sem uma concepção parcial, restrita aos poderes institucionalizados e aos deveres públicos.

Há também outros pontos divergentes relevantes. Para os comunitaristas, a identidade dos cidadãos é formada de acordo com as circunstâncias sócio-cultural-econômicas que marcam sua inserção na comunidade, moldando-a conforme a carga axiológica vigente no contexto histórico. Para os liberais, é o próprio cidadão, em decorrência de sua autonomia privada, que paulatinamente vai construindo sua identidade. Já os republicanos asseveram que a identidade é construída de geração em geração, dentro das discussões políticas que são apanágio do autogoverno planteado pela República.[113]

O cidadão está longe de ser um indivíduo solitário, comportando-se como uma ilha perdida no oceano, está cercado de pessoas e recebe influência de um contexto determinado em sua formação. não obstante, em virtude de sua autodeterminação, não é adstrito completamente à vontade totalizante da sociedade que o priva de determinação. Configura-se como agente ativo da história, podendo, sob certas circunstâncias, fugir das casualidades da vida com sua atuação nas decisões políticas.

---

[113] GARGARELLA, Roberto. *El Republicanismo y la filosofia política contemporánea*. Disponível em: http://168.96.200.17/ar/libros/teoria1/gargare.rtf. Acesso em: 14/04/2004.

15. Críticas ao Republicanismo

A mais freqüente objeção que se faz ao Neo-Republicanismo é que os ideais esposados por essa doutrina política estão ultrapassados para serem utilizados diante dos atuais problemas que pululam na sociedade pós-moderna. Argumenta-se que há um *gap* temporal muito grande entre a realidade existente na Roma republicana, nas cidades italianas do renascimento ou nos Estados Unidos da América do Norte do século XVIII.

A afirmação de que a realidade existente nos casos citados é bastante diversa das circunstâncias sociopolítico-econômicas de hoje configura-se numa evidência que não pode ser refutada. Todavia, o que tenciona o Neo-Romanismo ou Neo-Republicanismo é resgatar esses princípios e moldá-los à realidade vigente. Como os ideais republicanos são principiológicos, com conteúdo variável que facilita sua adequação, eles servem para atuar em realidades diversas sem perder sua essência. Os valores defendidos são os mesmos, o que sofre mutação é a intensidade e a abrangência de sua incidência.

Importante crítica que se faz contra o Republicanismo é com relação à natureza subjetiva das virtudes cívicas, que são imperiosas para a consolidação dos laços que unem o indivíduo à sociedade. Igualmente, merece reflexão a indagação de como as virtudes civis podem ser efetivadas na sociedade atual, em que o tecido social é fragmentado em decorrência da diversidade da infra-estrutura econômica.[114] Em uma sociedade

---
[114] Acerca dos efeitos da Pós-Modernidade expõe David Lyon: "a possibilidade mesma de adquirir conhecimento ou de fazer uma descrição do mundo é posta em dúvida. Enquanto antes se podia ver como a estrutura do conhe-

pluralista, com uma multiplicidade de códigos morais, o estabelecimento de virtudes civis para todos os extratos sociais é atividade no mínimo complexa.

Os valores inerentes ao *vivere civile* são subjetivos, sem sombra de dúvida, o que não lhes retira o papel de serem utilizados como *standards* para a proteção da *res publica* e para o incentivo da cidadania ativa. Não obstante o pluralismo que se configura na característica predominante das sociedades no terceiro milênio, eles podem ser utilizados como denominador comum axiológico com a função de guiar a implementação de políticas públicas, possuindo a vantagem de ter a flexibilidade necessária para que a normatividade possa acompanhar a normalidade.

Apesar de sua subjetividade e da complexidade social, os valores inerentes às virtudes civis reforçam os vínculos existentes entre cada indivíduo e a sociedade, unindo-os para a concretização de objetivos comuns. A formação de um denominador comum axiológico pode ser o ponto de partida para que, dentro dos regulamentos delineados pelo regime democrático, a população possa encontrar solução para suas desavenças políticas, estabelecendo pontos de semelhança que diminuam a distância que os separa. Princípios como a primazia da coisa pública, a honestidade e a responsabilidade social apresentarão real efetividade, se transportados da seara abstrata para a seara fática, tornando-se prática cotidiana, contando para sua realização com a fiscalização dos entes públicos e com a vigilância ativa da sociedade.

O modelo capitalista de produção contribui para obstacular a realização das virtudes cívicas ao impor aos cidadãos, como objetivo de vida maior, a acumulação de capital, sem nenhuma consideração com o bem-comum coletivo. Como difundir as virtudes cívicas se elas não

---

cimento refletia a estrutura da sociedade que o produzia – pense nos estudos de Weber sobre a racionalidade burocrática na Alemanha em sua fase de modernização - o pós-moderno nega tal estrutura tanto no conhecimento como na sociedade. Adeus ao conhecimento elaborado no passado; em vez disso, boas-vindas aos discursos flexíveis. LYON, David. *Pós-modernidade*. São Paulo: Paulus, 1998, p. 23.

encontram resguardo nas relações produtivas? A despeito do antagonismo propiciado pela infra-estrutura econômica, o estimulo aos valores intrínsecos ao Republicanismo propiciam nova roupagem para as relações econômicas, fazendo-as mais humanas ao expandir os horizontes da população no sentido de construir uma sociedade mais justa e fraterna. As relações produtivas exercem forte influência nos valores que são agasalhados pela sociedade, mas não suficientes para moldá-los em sua plenitude.

Contra o Republicanismo se levantam críticas contumazes, alegando que ele não apresenta elementos substancialistas, inclusive existem vertentes que defendem sua natureza procedimental, calcada nas escolhas efetuadas pelos representantes populares, seguindo o devido processo legal. Afirmam que diante da grande desigualdade social que permeia países como o Brasil, o estabelecimento das virtudes civis se mostra tarefa de difícil realização.

Realmente, a construção de uma República na plenitude de sua essência não pode ser implantada em sociedades que apresentam altos níveis de desigualdade social, por isso constitui tarefa do Neo-Republicanismo a criação de políticas públicas que atenuem o problema da desigualdade social. Ele deve se alicerçar em elementos substancialistas que assegurem à população uma qualidade digna de vida, funcionando, concomitantemente, como limite que impede os órgãos públicos de adotar medidas que afetem o mínimo existencial dos cidadãos.

Outra crítica é direcionada à estrutura basilar do Republicanismo: o princípio da legalidade. A aversão generalizada a qualquer tipo de dominação e de interferência na vida das pessoas sofre uma relativização quando a mitigação é realizada por meio de comando normativo. Parte-se do pressuposto de que as leis são feitas pelo povo, que são justas, genéricas e abstratas, com o escopo de atender ao bem comum da sociedade. Entretanto, em uma sociedade complexa, diante da pluralidade de composição do tecido social, os comandos normativos não podem atender a todos as perspectivas sociais; de fato, agasalham os interesses de uns em detrimento dos interesses de outros.

A forte oposição contra o teor absoluto do princípio da legalidade não afeta exclusivamente o Republicanismo. Ele é um dos pilares do regime democrático e, portanto, esse conflito traz conseqüências para a totalidade das doutrinas políticas que adotam o regime democrático.

O litígio em torno do princípio da legalidade reflete a crise pela qual também passa o regime democrático. Há um processo de alienação do povo que a cada dia participa menos dos destinos da coletividade. A política passa a ser uma "ciência" para poucos iniciados, que cerceiam a participação popular, protegendo-se atrás de uma linguagem hermética de difícil compreensão e do respaldo proporcionado pelos meios de comunicação, que circunscrevem a Democracia à mídia televisiva. O *Homo Sapiens* se transforma em *Homo Videns*, e a democracia dá ensejo à videodemocracia.[115]

A alternativa vislumbrada para a crise que assola o regime democrático e o princípio da legalidade é a densificação da Democracia, fazendo com que a população participe ativamente das decisões políticas, de forma que o processo legislativo possa ser amplamente legitimado pelo apoio popular. O Neo-Republicanismo, por seus apanágios, configura-se como instrumento que pode incrementar o funcionamento da Democracia, trazendo-a mais para perto dos cidadãos, colaborando para integrá-los à sociedade, independente das assimetrias existentes.

---

[115] "O *Homo sapiens* é, ou se tornou, um animal que lê, capaz de abstrair, cuja compreensão (inteligência, do latim *intelligere*) ultrapassa de muito o que ele enxerga, e na verdade não se relaciona com o que ele vê. Mas o *Homo sapiens* está sendo deslocado e substituído pelo *Homo Videns* simplesmente vê (*videre*, em latim, significa "ver"); seu horizonte é limitado pelas imagens que lhe são fornecidas. Assim, enquanto o *Homo sapiens* tem o direito de dizer, com toda inocência, que ele compreende o que vê, o *Homo videns* vê sem compreender, porque boa parte do que lhe é mostrado significa pouco e o que é significativo, na melhor das hipóteses, é mal explicado". SARTORI, Giovanni. *Engenharia constitucional. Como mudam as Constituições*. Trad. Sérgio Bath. Brasília: Universidade de Brasília, 1996, p. 162.

16. A atualidade dos ideais republicanos

Ultimamente, os princípios defendidos pelo Republicanismo passam por um processo de releitura para serem utilizados contra as múltiplas crises que afligem a sociedade. Esses princípios são dinâmicos, podendo se ajustar tanto a uma estrutura econômica capitalista quanto a uma estrutura econômica socialista. Inexiste a implementação de uma política denominada republicana, composta de medidas detalhadas que precisam ser realizadas. Seu conteúdo é principiológico, orientando de maneira genérica as diretrizes firmadas pelos agentes públicos. Seus valores tencionam influenciar as formas de organização política para garantir uma liberdade substancialista aos homens, soltando-os das amarras impostas pela dominação existente em amplos setores da sociedade.

A recuperação de alguns conceitos chave do Republicanismo, além de ajudarem na manutenção da estabilidade social e aprimorarem o regime democrático, contribuem para que o Estado possa da melhor forma possível realizar suas finalidades, que em última consideração consiste em proporcionar à população uma vida digna, com a garantia de que não terão sua liberdade mitigada por atos arbitrários.

Essas idéias também se configuram como denominador comum valorativo, opondo-se ao pluralismo existente nas sociedades pós-modernas. São princípios pertinentes ao trato com a coisa pública, oferecendo diretrizes para a participação ativa dos cidadãos. Esse núcleo valorativo é o sustentáculo para que os diversos interesses que se embatem na sociedade possam conviver respeitando as regras do processo democrático e para que considerem o zelo pela *res publica* como um de seus principais postulados. Elas podem até mesmo forcejar um novo parâmetro para as condutas políticas, dentro de novo *ethos* que privilegie o trato com a coisa pública, considerando-a como patrimônio coletivo, sem permitir sua apropriação por poucos.

Os valores defendidos pela forma de governo republicana são compatíveis com o multiculturalismo vigente nas sociedades na medida que fornece alguns *standards* de conduta compartilhados pela população, a despeito das diferenças que a separam. O conceito de liberdade, definido como a ausência de domínio, com sua abrangência de potencialidade de incidência, oferece uma sólida proteção às minorias, respeitando seus direitos quando impede a prática de ato arbitrário que de algum modo possa cercear sua liberdade.

A concepção de Republicanismo defendida suplanta sua versão procedimental, em que a participação nas decisões coletivas ocorre isoladamente em âmbito formal. Na versão procedimentalista, a autonomia das vontades privadas é erigida como dogma, ficando o Estado cerceado de implementar políticas públicas para minorar o sofrimento dos hipossuficientes. Almeja-se um Republicanismo substancialista, em que o Estado atue, diminuindo a intensidade das desigualdades sociais.

O vínculo que une os cidadãos em uma sociedade complexa, formada por diversos segmentos sociais, não pode se resumir aos institutos oferecidos por um regime democrático, necessita-se intensificar o sentimento de pertinência, e o melhor meio para a realização dessa tarefa, afora o estimulo à cidadania ativa, é através da implantação de políticas públicas que tenham como objetivo diminuir a desigualdade econômica existente entre os segmentos sociais. Um cidadão excluído das benesses sociais fica impossibilitado de compartilhar dos valores coletivos, não tem apelos para cuidar do bem-comum, torna-se um estorvo para que a forma republicana de governo possa atingir seus objetivos.

As virtudes públicas planteadas pelos republicanos são responsáveis pela substancialização da política. Os *standards* de direcionamento das coisa pública necessariamente oferecem um suporte axiológico que torna o processo político próximo de uma conexão deontológica, evitando sua instrumentalização para o alcance de finalidades privadas. Por outro lado, o preenchimento das lacunas éticas da política a torna uma seara menos ríspida e mais confiável para os cidadãos, incentivando o interesse pelo acompanhamento de suas decisões.

Motivado pelos ideais republicanos, há um incentivo para que os espaços públicos existentes na sociedade sofram aumento, tanto de forma qualitativa quanto quantitativa. Seu aspecto quantitativo consiste na democratização das decisões referentes às escolhas das diretrizes governamentais, com a participação de amplos setores sociais de forma efetiva, considerando que a colaboração nos negócios políticos configura-se um dever cívico. A democratização do *locus* de decisão também permite um incremento em sua capacidade qualitativa, no sentido de que o aumento no número de atores envolvidos garante melhor fiscalização da coisa pública, o que contribui para melhor elaboração de políticas públicas.

Uma conseqüência do despertar da cidadania ativa, das virtudes cívicas, do conceito de *res publica*, da reafirmação da liberdade dos cidadãos é a densificação da legitimação do poder político implantado na sociedade. A Pós-modernidade aprofundou a crise de legitimidade existente em quase todos os setores da sociedade, e esse arrefecimento provoca insegurança e instabilidade, que são incompatíveis com a previsibilidade exigida pelo Estado Democrático Social de Direito. Os princípios republicanos contribuem para o incremento do nível de legitimidade porque torna a população partícipe atuante na feitura das políticas públicas e, assim, as normas produzidas têm sólido consentimento em razão da maior participação dos cidadãos.

A busca pela legitimidade significa aprimorar a obediência aos postulados normativos, com a obtenção do consenso da sociedade. O grau de eficácia da dominação legal propiciada pelo Direito vai depender da solidez de seu conceito de legitimidade. Por sua vez, o conceito de legitimidade apresenta uma relação direta e inegável com o poder; pode-se dizer que ela é uma justificativa para a utilização do poder. Para David Beethan o poder, de forma geral, indica a prerrogativa de que um cidadão dispõe para produzir os efeitos por ele desejado no meio que o cerca e no lugar previsto para sua realização.[116]

O Republicanismo democratiza o poder ao torná-lo acessível à população de forma indistinta, ao fazer com que cada cidadão se sinta co-responsável pelas decisões escolhidas e ao estabelecer o sentido de *res publica* como *standard* para a conduta dos agentes públicos. Portanto, a democratização do poder e a conseqüente densificação da legitimidade da organização política são uma decorrência dos princípios agasalhados por essa doutrina.

O Republicanismo se mostra sim como uma das alternativas aos problemas que assolam a Pós-Modernidade.[117] A definição dos caminhos tomados pelas organizações políticas retorna às praças públicas, local que foi celebrizado pelas Repúblicas clássicas, saindo definitivamente de espaços privados de difícil acesso à população. Seus conceitos fundamentais, como *res publica*,

---

[116] BEETHAN, David. *The Legitimation of the Power*. .Hampshire: Macmillan. 1991, p. 43.

[117] Michael Hardt e Antonio Negri, autores do famoso livro *Impire*, defendem a tese de que o mundo contemporâneo é um mundo pós-moderno, nascido com o exaurimento do Estado Moderno e com a perda definitiva de qualquer tipo de ontologia. Eles afirmam que uma das conseqüências da pós-modernidade é de forma peremptória a privatização do espaço público. A paisagem característica da modernidade com o seu apego pelas praças e pelos locais públicos é suplantada pelas áreas privadas, em que poucos têm acesso. A arquitetura e a estrutura de grandes metrópoles são planejadas para impedir a movimentação e a interação entre grupos sociais diferentes. HARDT, Michael & NEGRI, Antonio. *Impere*. Trad: Alessandro Pandolfi. Milano: Biblioteca Universale Rizzoli, 2003, p. 178-179.

virtudes civis, cidadania ativa, supressão de qualquer espécie de domínio, luta contra a corrupção etc., configuram-se como vetores, de conteúdo principiológico, para a regulamentação de uma forma de organização política que revalorize o homem como ser integral, esquecendo-se de sua vertente de *homus economicus,* que é uma das causas de sua opressão.

17. Bibliografia

ACKERMAN, Bruce. *We the people. Foundations.* Cambridge: The Belknap Press of Havard University Press, 1991.
AGRA, Walber de Moura. *Fraudes à Constituição.* Um atentado ao poder reformador. Porto Alegre: Fabris, 2000.
ALEXY, Robert. *Teoria de los derechos fundamentales.* Madrid: Centro de Estúdios Constitucionales. 1997.
AMADEO, Javier; MORRESI, Sergio. *Republicanismo y marxismo.* Disponível em: http://168.96.200.17/ar/livros/teoria3/amadeo.pdf. Acesso em: 08/06/2004.
APPLEBY, Joyce. *Liberalism and republicanism in the historical imagination.* Cambridge: Havard University Press, 1992.
ARMITAGE, David. "Empire and liberty: A republican dilemma". In: *Republicanism. A shared european heritage.* Vol. II. Cambridge: Cambridge University Press, 2002.
ATALIBA, Geraldo. *República e Constituição.* 2. ed. São Paulo: Malheiros, 1998.
BACCELLI, Luca. *Critica del Repubblicanesimo.* Bari: Laterza, 2003.
BAKER, Keith Michael. "Le trasformazioni del repubblicanesimo clássico in Francia". In: *Libertà politica e virtù civile. Significati e percorsi del Repubblicanesimo clássico.* Torino: Fondazione Giovanni Agnelli. 2004.
BEETHAN, David. *The legitimation of the power.* Hampshire: Macmillan. 1991.
BOBBIO, Noberto, MATTEUCCI, Nicola & PASQUINO, Gianfranco. *Dicionário de política.* Trad. Carmen C. Varriale et alli. Volume II. Brasília: UnB, 1998.
BOGNETTI, Giovanni. *Lo spirito del costituzionalismo americano.* Torino: Giappichelli, 2000.
BOLZAN, José Luis de Morais. *As crises do Estado e da Constituição e a transformação espacial dos direitos humanos.* Porto Alegre: Livraria do Advogado, 2002.
BONAVIDES, Paulo. *Teoria constitucional da democracia participativa.* São Paulo: Malheiros, 2001.
BONGIOVANNI, Giorgio; GOZZI, Gustavo. "Democrazia" In: *Le basi filosofiche del costituzionalismo.* 4 ed., Roma: Laterza, 2000.
CAENEGEM, Raoul C.Van. *I sistemi giuridici europei.* Bologna: Mulino, 2003.
CANOTILHO, J.J. Gomes. *Direito constitucional e teoria da Constituição.* 2. ed. Coimbra: Almedina, 1998.
CARRINO, Agostino. *Sovranità e Costituzione nella Crisi Dello Stato Moderno.* Torino: Giappichelli, 1998.
CASALINI, Brunella. . *Sovranità popolare, governo della legge e governo dei giudice negli Stati Uniti d'America.* In: *Lo Stato di diritto. Storia, teoria, critica.* Milano: Feltrinelli, 2003.
CHÂTELET, François; DUHAMEL, Olivier & Pisier-Kouchner, Evelyne. *História das idéias políticas.* Trad. Carlos Nelson Coutinho. Rio de Janeiro: Jorge Zahar Editor, 2000.
CHEVALLIER, Jean-Jacques. *As grandes obras políticas de Maquiavel a nossos dias.* Trad. Lydia Cristina. 7 ed., Rio de Janeiro: Agir, 1995.
CÍCERO, Marco Túlio. *Da republica.* Trad. Amador Cisneiros. Livro I, XXV. São Paulo: Edipro, 1996.

CORNS, Thomas N. "Milton and the characteristics of a free Commonwealth". In: *Milton and Republicanism*. Cambridge: University of Cambridge, 1995.
DALLARI, Dalmo de Abreu. *Elementos de teoria geral do Estado*. 19 ed. São Paulo: Saraiva, 1995.
DWORKIN, Ronald. *O império do direito*. Trad. Jefferson Luiz Camargo. São Paulo: Martins Fontes, 1999.
DZELZAINIS, Martin. "Milton's classical Republicanism". In: *Milton and Republicanism*. Cambridge: University of Cambridge, 1995.
——. "Anti-monarchism in english Republicanism". In: *Republicanism. A shared european heritage*. Vol. I. Cambridge: Cambridge University Press, 2002.
FASSÓ, Guido. *La democrazia in grecia*. Milano: Giuffrè, 1999.
FLORIDIA, Giuseppe G. *La Costituzione dei moderni. Profili tecnici di storia costituzionale*. Torino: Giappichelli, 1991.
GARGARELLA, Roberto. *El Republicanismo y la filosofia política contemporánea*. Disponível em: http://168.96.200.17/ar/libros/teoria1/gargare.rtf. Acesso em: 14/04/2004.
GROSSI, Paolo. "Il diritto tra norma e applicazione. Il ruolo del giurista nell'attuale societa'italiana". In: Inaugurazione dei corsi d'insegnamento dell'anno accademico. 2001-2002. Firenze: Università Degli Studi, 2002.
GUERRA FILHO, Willis Santiago. "Princípio da proporcionalidade e teoria do direito. In: *Direito constitucional. Estudos em homenagem a Paulo Bonavides*. São Paulo: Malheiros, 2001.
HABERMAS, Jürgen. *Fatti e norme. Contributti a una teoria discorsiva del diritto e dela democrazia*. Trad. Leonardo Ceppa. Milano: Ângelo Guerini, 1996.
HALLOWELL, John H. *Il fondamento morale della democracia*. Trad. Marina Sallusti. Milano: Giuffrè, 1995.
HAMÍLTON, Alexander; MADISON, James; JAY, John. *O federalista*. Campinas: Russel, 2003.
HARDT, Michael; NEGRI, Antonio. *Impere*. Trad. Alessandro Pandolfi. Milano: Biblioteca Universale Rizzoli, 2003.
JELLINEK, Georg. *Teoría general del Estado*. Trad. Fernando de los Rios. México: Fondo de Cultura Econômica, 2000.
JUSTINIANO I, Imperador do Oriente. *Digesto*. Trad. Hélcio Maciel França Madeira. 2 ed., Livro I. São Paulo: Revista dos Tribunais, 2000.
KANT, Immanuel. *A paz perpétua e outros opúsculos*. Trad. Arthur Morão. Lisboa: Edições Setenta: 1988.
LARIZZA, Mirella. "Percosi dell'idea repubblicana nela Francia ottocentesca". In: *Libertà política e virtù civile. Significati e percorsi del Repubblicanesimo clássico*. Torino: Fondazione Giovanni Agnelli. 2004.
LYON, David. *Pós-modernidade*. São Paulo: Paulus, 1998.
OLDFIELD, Adrian. *Citizenship and community. Civil Republicanism and the modern world*. London: Routledge, 1990.
MADISON, James. *The mind of the Founder.Sources of the political Thought of James Madison*. New England: University Press of New England, 1973.
MALBERG, R. Carré de. *Teoría general del Estado*. Trad. José Lión Depetre. México: Fondo de Cultura Económica, 2000.
MALTZAHN, Nicholas Von. "The Whig Milton, 1667-1700". In: *Milton and Republicanism*. Cambridge: University of Cambridge, 1995.
MAQUIAVEL, Nicolau.*O príncipe*. Trad. Torrieri Guimarães. 6. ed., São Paulo: Hemus, 1977.
——. *História de florença*. 2 ed., Trad. Nelson Canabarro. São Paulo: Musa, 1998.
——. *Comentários sobre a primeira década de Tito Lívio*. 4. ed. Trad. Sérgio Bath. Brasília: UnB, 2000.
MARTINS, António Manuel. *Republicanismo y libertad*. Disponível em: http://saavedrafajardo.um.es/WEB/archivos/respublica/numeros/9-10documento4.pdf. Acesso em: 08/06/2004.

MELLO, Leonel Itaussu Almeida. "John Locke e o individualismo liberal". In: *Os clássicos da política*. Volume I, 2. ed., São Paulo: Editora Ática, 1991.
MIONI, Frederico. James Madison. Tra federalismo e Repubblicanesimo. In: *Il político*. N. 160, Ottobre-Dicembre, 1991.
MONTESQUIEU, Charles-Louis de Secondat de. *Lo spirito delle leggi*. Trad. Beatrice Boffito Serra. 5 ed., V. I. Milano: Universale Rizzoli. 1999.
NEDELSKY, Jennifer. "El constitucionalismo estadunidense y la paradoja de la propiedad privada. In: *Constitucionalismo y democracia*. Trad. Mónica Utrilla de Neira. México: Fondo de Cultura Económica, 1999.
PALMA, Luigi. Corso di diritto costituzionale. Roma: Giuseppe Pellas, 1883.
PAUPERIO, A. Machado. *Teoria geral do estado*. 7. ed., Rio de Janeiro: Forense, 1978.
PELAYO, Manuel García. *Derecho constitucional comparado*. 3. ed., Madrid: Alianza Universidad, 1991.
PETTIT, Philip. *Il Repubblicanesimo. Una teoria della libertà e del governo*. Trad. Paolo Costa. Milano: Feltrinelli, 2000.
POCOCK, John G. A. *Il momento machiavelliano*. V. I. Trad. Alfonso Prandi. Bologna: Il Mulino. 1980.
———. *Il momento machiavelliano*. V. II. Trad. Alfonso Prandi. Bologna: Il Mulino. 1980.
RANIOLO, Francesco. *La participazione política*. Bologna: Mulino, 2002.
REPUBLICANISM. Stanford encyclopedia of philosophy. Disponível em: http://plato.stanford.edu/entries/republicanism. Acesso em: 09/06/2004.
ROUSSEAU, Jean Jacques. *O contrato social*. 5 ed. Trad. Antônio de P. Machado. São Paulo: Brasil Editora, 1958.
SADEK, Maria Tereza. "Nicolau Maquiavel: O cidadão sem fortuna, o intelectual sem virtù." In: *Os clássicos da política*. Volume I, 2 ed., São Paulo: Editora Ática, 1991.
SARLET, Ingo Wolfgang. *Dignidade da pessoa humana e direitos fundamentais na Constituição Federal de 1988*. Porto Alegre: Livraria do Advogado, 2001.
SARTORI, Giovanni. *Engenharia constitucional. Como mudam as Constituições*. Trad. Sérgio Bath. Brasília: Universidade de Brasília, 1996.
SKINNER, Quentin. *Liberty before liberalism*. Cambridge: Cambridge University Press, 1988.
———. "Classical liberty and the english civil war". In: *Republicanism. A shared european heritage*. Vol. II. Cambridge: Cambridge University Press, 2002.
SLAGSTAD, Rune. "El constitucionalismo liberal y sus críticos: Carl Schmitt y Max Weber. In: *Constitucionalismo y democracia*. Trad. Mónica Utrilla de Neira. México: Fondo de Cultura Económica, 1999.
SPITZ, Jean-Fabien. "La moderna repubblica: Mito o reltà ? In: *Libertà política e virtù civile. Significati e percorsi del Repubblicanesimo clássico*. Torino: Fondazione Giovanni Agnelli. 2004.
SUNSTEIN, Cass R. "The enduring legacy of republicanism". In: *A new constitutionalism. Designing political institutions for a good society*. Chicago: University of Chicago., 1993.
———. "Constituciones y democracias: Epílogo". In: *Constitucionalismo y democracia*. México: Fondo de Cultura Económica, 2001.
TOCQUEVILLE, Alexis. *La democracia in America*. Milano: Rizzoli, 1999.
UNIVERSITY OF ARKANSAS. "Republicanism from Gordom Wood's creation of the american republic. Disponível em: file://A:\Republicanism.htm. Acesso em: 07/06/2004.
VIROLI, Maurizio. *Repubblicanesimo*. Bari: Laterza. 1999.
———."*The theory of the republic*. Disponível em: http://130238503/ilmh/Ren/flor-mach-viroli.htm. Acesso em: 14/06/2004.
———. "Il Republicanismo di Machiavelli". In: *Libertà política e virtù civile. Significati e percorsi del Repubblicanesimo clássico*. Torino: Fondazione Giovanni Agnelli. 2004.
WORDEN, Blair. "Republicanism, regicide and republic: The english experience". In: *Republicanism. A shared european heritage*. V. I. Cambridge: Cambridge University Press, 2002.

―――. "Le idee repubblicane e la rivoluzione inglese". In: *Libertà política e virtù civile. Significati e percorsi del Repubblicanesimo clássico*. Torino: Fondazione Giovanni Agnelli. 2004.

WRIGHT, Johnson Kent. "The idea of a republican Constitution in old régime France". In: *Republicanism. A shared european heritage*. V. I. Cambridge: Cambridge University Press, 2002.

ZAGREBELSKY, Gustavo. "Come se può essere repubblicani". In: *Lezione per la repubblica. La festa è tornata in città*. Reggio Emilia: Edizioni Diabasis, 2001.

Impressão:
Editora Evangraf
Rua Waldomiro Schapke, 77 - P. Alegre, RS
Fone: (51) 3336.2466 - Fax: (51) 3336.0422
E-mail: evangraf@terra.com.br